Thomas Dienberg   Markus Warode   Bernd Schmies (Hg.)

Fusionsprozesse in Orden, Kirche und Gesellschaft

- Praktische und wissenschaftliche Aspekte -

Spiritualität - Management - Forschung

herausgegeben von Thomas Dienberg, Markus Warode und Bernd Schmies
im Auftrag des Instituts für Kirche, Management und Spiritualität
und der Fachstelle Franziskanische Forschung

Band I

Thomas Dienberg   Markus Warode   Bernd Schmies (Hg.)

Veränderungen als Chance begreifen

Fusionsprozesse in Orden, Kirche und Gesellschaft

3: Praktische und wissenschaftliche Aspekte

Bibliografische Information der Deutschen Nationalbibliothek (DNB)
Die DNB verzeichnet diese Publikation in der Deutschen Nationalbibliografie; detaillierte
bibliografische Daten sind im Internet abrufbar über http://dnb.ddb.de.

Herausgegeben vom Institut für Kirche, Management und Spiritualität
in Verbindung mit der Fachstelle Franziskanische Forschung

Redaktion: Fachstelle Franziskanische Forschung (FFF)
                    Überwasserkirchplatz 2, 48143 Münster

Satz: FFF (Münster)

Herstellung und Verlag: BoD - Books on Demand, Norderstedt

ISBN 978-3-7322-8804-5

Inhalt

„Spiritualität – Management – Forschung"

*Fange nie an aufzuhören,
und höre nie auf anzufangen.*
Marcus Tullius Cicero (106 – 43 v. Chr.)

Die Veränderungen in den Ordensgemeinschaften haben in den letzten Jahren eine ungeahnte Dynamik aufgenommen. Organisatorische Veränderungen wie Fusionen werden für viele Orden und Kongregationen aufgrund des demographischen Wandels und finanziellen Drucks zu einer konkreten Handlungsoption.

Der stetige Mitgliederrückgang und die daraus resultierende Überalterung der Gemeinschaften führt immer häufiger zu Schließungen von Klöstern, zu Zusammenschlüssen von Ordensprovinzen sowie zu Überführungen von karitativen Einrichtungen in Stiftungen. Diese Entwicklungen stellen die einzelnen Orden vor herausfordernde Entscheidungen. Es geht um die Zukunft der Orden und damit gleichzeitig um eine tragende Säule in der Mitte der Gesellschaft. Gerade Orden prägen die Sozialisierung von Gemeinden und Regionen spürbar mit.

Seelsorge, Unterstützung von kranken, alten und auch jungen Menschen, aber vor allem das aktive christliche Leben, eine lebendige christliche Spiritualität sind für die Gesellschaft eine formende Grundlage. Doch die veränderten Rahmenbedingungen sind real und fordern neue Denkansätze und Lösungswege, die aktuellen Herausforderungen zu bewältigen bzw. modern gesprochen zu managen.

Das Institut für Kirche, Management und Spiritualität (IKMS) an der Philosophisch-Theologischen Hochschule (PTH) Münster und die Fachstelle Franziskanische Forschung (FFF) haben sich mit dem im Oktober 2010 veranstalteten Symposium „Veränderung als Chance begreifen – Fusionsprozesse in Orden" in einem ersten Schritt aus wissenschaftlicher Perspektive mit den strukturellen und personellen Entwicklungen der Orden auseinandergesetzt.

Die interdisziplinäre Aufarbeitung und Einordnung von Veränderungs- und Fusionsprozessen in christlichen Orden stand dabei im Vordergrund.

Die übergeordnete Forschungsidee zielt indes darauf ab, die Situation der Orden aus unterschiedlichen Perspektiven zu beschreiben, zu analysieren sowie Entscheidungs- und Handlungsspielräume zu diskutieren.

Dazu hat die Forschungsgemeinschaft eine Schriftenreihe mit dem Titel „Spiritualität – Management – Forschung" konzipiert. Neben einem Rückblick auf die Inhalte des Symposiums gilt es eine Plattform für aktuelle Beiträge zur Gestaltung von Veränderungen aus theologischer, soziologischer, psychologischer, finanzwirtschaftlicher, arbeitswissenschaftlicher und praktischer Perspektive zu initialisieren.

Durch eine Kombination von theoretisch-reflektierten und praktischen Beiträgen, sollen vor allem Chancen und Potenziale für die Orden und die in ihnen wirkenden Menschen erforscht werden. Zudem setzt sich die Reihe in einer weiteren Ausrichtung zum Ziel, die vorhandenen Möglichkeiten und Erfahrungen der Orden für öffentliche, soziale und auch wirtschaftliche Organisationen transparent zu machen.

Der Titel der Schriftenreihe „Spiritualität – Management – Forschung" verweist einerseits auf die Arbeitsschwerpunkte beider Institutionen. Andererseits macht er auf die gesellschaftspolitische Relevanz und Brisanz des Themenfeldes aufmerksam.

Münster, im Januar 2012

Markus Warode, Thomas Dienberg, Bernd Schmies

Vorwort zum Band:

Veränderung als Chance begreifen.
Fusionsprozesse in Orden, Kirche und Gesellschaft: Praktische und wissenschaftliche Aspekte

Die gesellschaftlichen Veränderungsprozesse zeigen, dass es eine ganzheitliche Herangehensweise braucht, um ihre vielfältigen Anforderungen zu bewältigen. Veränderungen sind dabei nicht linear, sondern wirken in unterschiedlicher Intensität auf die Menschen in ihren Organisationen ein. Mit der Reihe „Veränderung als Chance begreifen" geht die Forschungsgemeinschaft aus Institut für Kirche, Management und Spiritualität (IKMS) und Fachstelle Franziskanische Forschung (FFF) daran, diese ganzheitliche Perspektive in den Blick zu nehmen. Wurden in Band 1 theologisch-spirituelle Aspekte und in Band 2 praktische Erfahrungen aus Kirche und Orden thematisiert, so widmet sich Band 3 weiteren Erfahrungen und Berichten aus Praxis und Wissenschaft. Konkret werden dabei finanzwirtschaftliche, juristische und vertrauenstheoretische Inhalte im Kontext von Fusionen und Veränderungen behandelt.

Im ersten Beitrag beschreibt Wolfgang Gehra, Kaufmännischer Direktor der Deutschen Franziskanerprovinz, den Aufbau einer zentralen Finanzverwaltung für die Provinz. Dabei konzentriert sich der Autor auf die zukünftigen finanzwirtschaftlichen Herausforderungen des Ordens angesichts der wirtschaftlichen und demographischen Entwicklung und stellt den strategischen und inhaltlichen Weg der Franziskanerprovinz vor. Durch die Fusion von ehemals vier souveränen Provinzen zu einer gesamtdeutschen nimmt er zu den vielfältigen Aspekten auf dem Weg zu einer zentralen Finanzverwaltung Stellung. Er skizziert neben der Wettbewerbsfähigkeit und Nachhaltigkeit der einzelnen Gewerbe und Werke, technischen und organisatorischen Voraussetzungen auch die Integration der Brüder in die Prozesse als notwendige Bausteine für eine professionelle und funktionale Finanzverwaltung des Ordens.

Im zweiten Beitrag dieses Bandes beschreibt Karsten Stecker mit den zivil- und steuerrechtlichen Aspekten von Fusionen im Ordensbereich ein äußerst aktuelles Thema. Er beantwortet grundlegende Fragen zu einer rechtlich korrekten Zusammenführung von mehreren kirchenrechtlich selbstständigen Provinzen zu einem Rechtsträger. In Orientierung an die spezifische Situation einer Ordensgemeinschaft

10

stellt er kirchenrechtliche, zivilrechtliche, steuerrechtliche, arbeitsrechtliche und bilanzielle Aspekte vor. So generiert er einen ersten Überblick der verschiedenen rechtlichen und steuerrechtlichen Fragestellungen, um den Umfang der notwendigen Vorbereitung und die Unerlässlichkeit von vorherigen Abstimmungen mit Behörden und Finanzämtern aufzuzeigen.

Während die ersten beiden Beiträge im Rahmen des Symposiums „Veränderung als Chance begreifen" entstanden sind, gelingt es mit dem dritten Beitrag zur Dynamik von Vertrauen in Veränderungsprozessen ein Ergebnis aus der Forschungsarbeit des IKMS zu integrieren. In Kooperation mit dem Institut für angewandte Innovationsforschung an der Ruhr-Universität Bochum hat das IKMS in einem Forschungsprojekt zum Thema „Vertrauen als stabilisierender Faktor in Veränderungsprozessen" gearbeitet. Gefördert durch das Bundesministerium für Bildung und Forschung und den Europäischen Sozialfonds nimmt Vertrauen die Rolle einer Ressource ein, die gerade im Rahmen von intensiven und unsicheren Veränderungen Stabilität gewährt und Orientierung vermittelt. In dem vorliegenden Beitrag leitet das Forschungsteam unter der Führung von Prof. Pater Dr. Thomas Dienberg OFMCap die Entstehung von Vertrauen aus theologisch-philosophischer Perspektive ab. Der Fokus wird in diesem Kontext auf die Wirksamkeit von (Gottes-)Vertrauen in sozialen Beziehungen gelegt. In Bezug auf Veränderungsprozesse, die bewährte Strukturen und Muster auflösen, gewinnen gerade vertrauensvolle Beziehungen zwischen Leitung und Mitarbeitern an Bedeutung. Vertrauen in sozialen Beziehungen kann im Rahmen von Veränderungen stabilisierend wirken. Es wird somit zu einem Schmiermittel, welches die erfolgreiche Gestaltung von Veränderungen und speziell Fusionsprozessen unterstützen kann.

Auch die Realisierung des dritten Bandes konnte nur durch eine intensive und engagierte Zusammenarbeit der beteiligten Akteure gelingen. Neben den Autorinnen und Autoren, für deren Geduld wir uns ausdrücklich bedanken möchten, ist auch den Mitarbeitern der herausgebenden Institute zu danken. Erst durch ihren flexiblen und kritischen Einsatz ist es möglich geworden, diesen weiteren Band fertig zu stellen.

Münster, im Oktober 2013

Markus Warode

Finanzwirtschaftliche Aspekte –
Aufbau einer zentralen Finanzverwaltung
am Beispiel der Deutschen Franziskanerprovinz

Wolfgang Gehra

Wozu braucht man eine Finanzverwaltung, noch dazu eine zentrale?

Der Aufbau und das Aufbauen der zentralen Finanzverwaltung der Deutschen Franziskanerprovinz sollen als Erfahrungsbericht im Folgenden skizziert werden, um Einblick zu geben in die Vielfalt und Komplexität eines solchen Projektes einerseits, aber auch in die Machbarkeit und in die Sinnhaftigkeit andererseits.

Zum 1. Juli 2010 vereinigten sich die bisher vier eigenständigen Franziskanerprovinzen in Deutschland sowohl zivil- als auch kirchenrechtlich zur Deutschen Franziskanerprovinz, Körperschaft des öffentlichen Rechts, mit Sitz in München.

Vorangegangen war ein mehrjähriger Vereinigungsprozess, zuerst basierend auf einem Kooperationsvertrag und der anschließenden Einsicht in die Notwendigkeit einer Vereinigung.

Die Kölnische Provinz von den Heiligen drei Königen, die Sächsische Franziskanerprovinz vom Heiligen Kreuz und die Thüringische Franziskanerprovinz von der hl. Elisabeth, übertrugen damit sämtliche Vermögenswerte, Liegenschaften, Arbeitnehmerverhältnisse sowie alle Rechte und Pflichten auf die Bayerische Franziskanerprovinz vom hl. Antonius von Padua.

Diese hatte bereits den Status einer Körperschaft des öffentlichen Rechts inne, während die drei erstgenannten Provinzen bis dato zivilrechtlich primär als gemeinnützige eingetragene Vereine firmierten. In Absprache mit dem Bayerischen Staatsministerium für Unterricht und Kultus änderte die Bayerische Provinz ihren Namen in Deutsche Franziskanerprovinz von der hl. Elisabeth, so dass die Vorteile dieser in Bayern den Ordensgemeinschaften gewährten Rechtsform ungefährdet erhalten blieben.

In Zahlen bedeutet dies, dass eine über ganz Deutschland verteilte Franziskanerprovinz entstand, die ca. 380 Brüder an über 40 Standorten mit Klöstern und verschiedenen Einrichtungen umfasst.

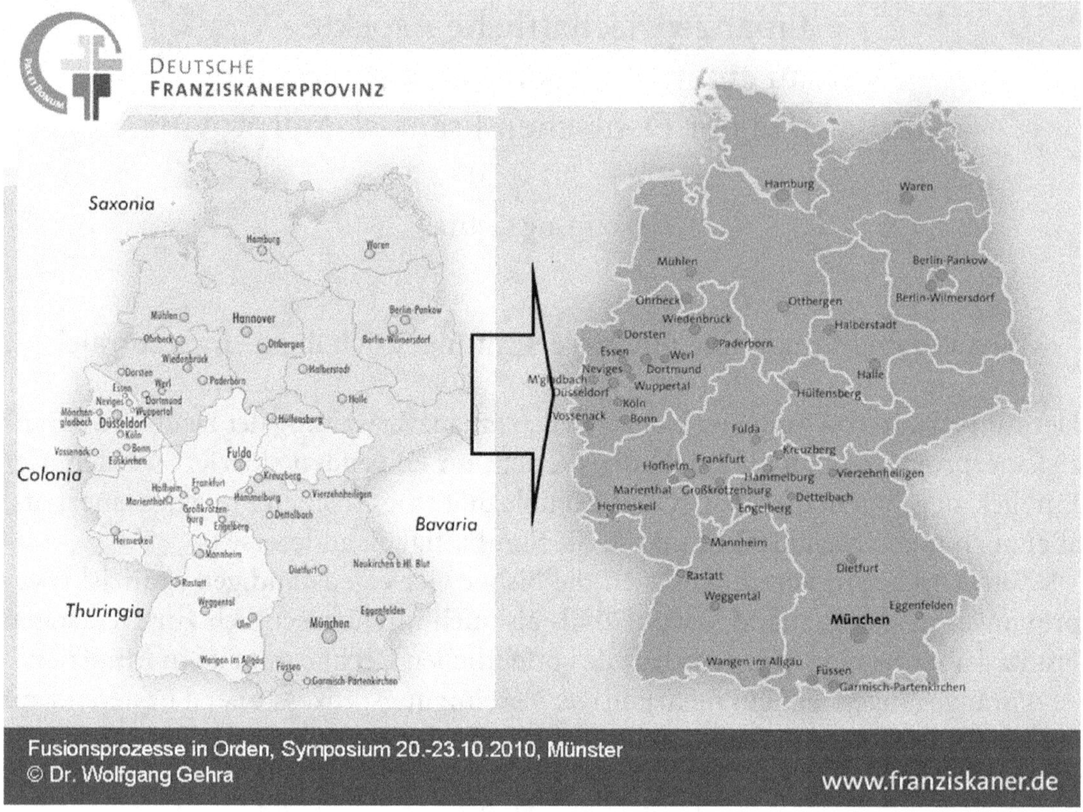

Folgende Schwerpunkte charakterisieren die Arbeit der Franziskaner in der neuen Provinz:

- Allgemeine Seelsorge, Kranken- und Wallfahrtsseelsorge sowie Betreuung von Pfarreien
- Suppenküchen für Arme und Obdachlose
- Zwei Gymnasien (organisiert als gGmbH's)
- Ein Studentenwohnheim und ein Internat
- Ein Meditations-, ein Exerzitienhaus und mehre Gäste- bzw. Bildungshäuser
- Wallfahrtsgastronomie und -herberge (eigene GmbH)
- Schneiderwerkstatt
- Missionswerke und Missionsmuseum
- Ausbildung der Brüder
- Häuser zum Mitleben

- Medienarbeit in Form verschiedener Zeitschriften und Internetseiten
- Sorge für alte und kranke Brüder
- Wohltätige Stiftungen z. B. für kranke Kinder, für Bildung oder für Jugendarbeit und für Arme.

Aus der Vielzahl der Aktivitäten, sei es direkt in der Körperschaft oder indirekt in eigenen Rechtsträgern, die von der Provinz betreut werden, ergibt sich daraus eine Verantwortung für über 500 Mitarbeiter und deren Familien.

Über die genannten Arbeitsbereiche hinaus sind noch die Liegenschaften, die Immobilien und die Vermögenswerte der Altersvorsorge als Aufgabenfelder für eine Provinzverwaltung zu berücksichtigen.

Eine solche Vielzahl heterogener Einheiten, in der Summe vergleichbar mit der Größe eines mittelständischen Unternehmens, benötigt effiziente Steuerungsmechanismen. Selbst ein Kleinbetrieb kann es sich heute nicht mehr leisten, nur mit dem Blick auf das Bankkonto und der Erstellung einer Jahresbilanz ein dreiviertel Jahr nach Geschäftsjahresabschluss Entscheidungen für die Zukunft zu treffen.

Zur Komplexität der Finanzveraltung allein aufgrund der Größe und der vielfältigen Aufgabenstellungen einer neuen Deutschen Franziskanerprovinz kommen zusätzlich erschwerende Rahmenbedingungen hinzu. Die Brüder werden weniger, der Altersdurchschnitt ist sehr hoch. Damit verbunden gehen die Einnahmen aus Gestellungen und Spenden zurück. Das wirtschaftliche Umfeld wird immer unkalkulierbarer, was nicht zuletzt die Vermögensverwaltung vor dem Hintergrund gesunkener Zinseinnahmen und bisher unvorstellbaren Finanzmarktkrisen vor komplett neue Herausforderungen stellt. Hinzu kommt, dass juristische Themen, wie beispielsweise Arbeitsrecht, Steuerrecht, Kapitalmarktgesetze und Versicherungswesen immer komplexer werden und auch die Verwaltung einer Ordensgemeinschaft von dieser Entwicklung betroffen ist. All dies führt zum einen dazu, dass mit den noch vorhandenen Einnahmen und Geldmitteln vorsichtig und professionell umgegangen werden muss und zum anderen eigenes Fachpersonal notwendig ist. Ein einzelner Buchhalter bzw. ein Ökonom kann nicht mehr alles allein rechtssicher und fachgerecht bewältigen!

Vor diesem Hintergrund erarbeitete eine Kommission „Wirtschaft und Finanzen", paritätisch besetzt aus den vier Franziskanerprovinzen, im Vorfeld der Vereinigung ein neues Finanzsystem, „das die Haushalte des Provinzialates, der Häuser und Einrichtungen mit dem Ziel der Transparenz von Bedarf und Vermögen regelt".

Dieses Finanzsystem wurde Ende 2008 vom Kooperationsrat beschlossen und anschließend von den vier Definitorien in Kraft gesetzt. Der Kooperationsrat war im Vereinigungsprozess das koordinierende Gremium, das, ebenfalls paritätisch aus den vier Provinzen besetzt, die Empfehlungen aus den zwölf verschiedenen Kommissionen in Beratungen überprüfte und gegebenenfalls dazu Beschlüsse fasste. Diese mussten wiederum von den bestehenden Definitorien der Provinzen ratifiziert werden.[1]

---

1. *Die Finanzverwaltung geschieht zentral in der Provinzökonomie*

2. *Die gesamte Provinz hat eine einzige Buchführung.*

3. *Für jede Kostenstelle (= Haus / Einrichtung) wird ein Haushaltsplan aufgestellt.*

4. *Für den Bereich der persönlichen Lebenshaltung der Brüder setzt die Provinzleitung jährlich ein Budget fest, über das der Konvent lt. Kontenplan selbständig verfügen kann.*

5. *Alle Kostenstellen werden in München gebucht.*

6. *Alle anfallenden Rechnungen werden von München aus überwiesen.*

7. *Alle Geldanlagen und Wertpapiere werden zentral verwaltet.*

8. *Alle Zuwendungsbescheinigungen werden zentral erstellt und monatlich an die Häuser / Einrichtungen zur Weitergabe an die Spender versandt.*

9. *Über Ausnahmen und Ergänzungen entscheidet die Provinzleitung.*

---

1 Vgl. dazu SCHIMMEL, Thomas M.: Fusion der vier Franziskanerprovinzen zur Deutschen Franziskanerprovinz. In: WARODE, Markus / SCHMIES, Bernd / SCHIMMEL, Thomas M. (Hg.): Veränderung als Chance begreifen. Fusionsprozesse in Orden, Kirche und Gesellschaft, Band 2: Erfahrungsberichte aus Orden und Kirche. Norderstedt 2013, 21–24. Demächst ausführlich: SCHIMMEL, Thomas M.: Auf dem Weg zur Vereinigung. Die Arbeit des Kooperationsrates der vier deutschen Franziskanerprovinzen in den Jahren 2004 bis 2010. Münster 2013 (Franziskanische Forschungen, 53) [im Druck].

Das erwähnte Finanzsystem sah eine weitreichende Zentralisierung der finanziellen Belange vor, wie aus folgendem Auszug ersichtlich wird:

Die bisherigen Provinzökonomien waren unterschiedlich aufgebaut und tendenziell dezentral strukturiert. Teilweise waren einzelne Einrichtungen so selbstständig in ihrer Buchführung und mit ihrem Zahlungsverkehr, dass erst für den Jahresabschluss der Provinz die Salden an die Provinzökonomie mitgeteilt wurden. Auf diese Weise bestand für eine Provinzleitung nur wenig Möglichkeit, das aktuelle finanzielle Geschehen im Auge zu behalten.

Die bilanziellen Maßstäbe der Provinzen untereinander hinsichtlich der Bewertung der Wertpapiere, der Rückstellungen für Altervorsorge, der Abschreibungen, um nur einige wesentliche Beispiele zu nennen, waren ebenfalls sehr voneinander abweichend.

Vor dem Hintergrund des erwähnten Finanzsystems wurde eine Projektleitung[2] unterhalb der Finanzkommission damit beauftragt, eine neue und zentrale Finanzverwaltung am Sitz der zukünftigen Provinzleitung in München aufzubauen.

---

1. Vorbereitungsphase 01. 06. 2009 – 31. 12. 2009

- Schaffung technischer,
- personeller und
- organisatorischer Voraussetzungen

2. Kooperationsphase 01.01.2010 – 30.06.2010

- Zentrale Finanzbuchhaltung mit 4 Mandanten (plus Betriebe und Einrichtungen)
- Zentrale Abwicklung des Zahlungsverkehrs
- Aufbau zentrale Lohn- und Gehaltsbuchhaltung
- Aufbau eines Controllingsystems

---

2   Bis September 2010 war P. Rafael Rieger OFM als Provinzökonom der ehemaligen Bayerischen Provinz mit der Projektleitung beauftragt. Ab September 2010 wurde P. Franz Josef Kröger OFM als Provinzökonom der Deutschen Franziskanerprovinz gewählt und übernahm damit die Leitung und den weiteren Aufbau der Provinzökonomie in München. Der Autor ist seit 2009 für die Franziskaner tätig und hat den Aufbau der zentralen Finanzverwaltung in seiner Funktion als Kfm. Direktor, anfangs in der damaligen Bayerischen Provinz und jetzt in der Deutschen Franziskanerprovinz, mit gestaltet.

3. Vereinigungsphase 01. 07. 2010 – 31. 12. 2011

- Konsolidierung der Finanzbuchhaltung von 4 Mandanten (je Provinz) auf einen Mandanten Deutsche Franziskanerprovinz (plus Betriebe und Einrichtungen)
- Abschlussarbeiten und Abwicklung der bisherigen Provinzen
- Umschreibung aller Bankvollmachten
- Umschreibung aller Verträge
- Eventuell Einarbeitung des neuen Provinzökonomens und geordnete Amtsübergabe
- Organisation zentrale Spenderverwaltung
- …

Der damals verwendete Zeitplan gibt einen guten Überblick über die zeitliche Abfolge und die schwerpunktmäßigen Aufgaben:

Zu berücksichtigen ist hierbei, dass eine komplett neue Finanzverwaltung im Münchner Franziskanerkloster St. Anna eingerichtet wurde. Angefangen von der Renovierung der bisher teilweise anderweitig genutzten Büroräume, über die Personalakquise, weiter über die Installation und Programmierung von Hard- und Software, bis hin zur konkreten organisatorischen Ausgestaltung des vom Finanzsystem gesetzten Rahmens wurde eine neue Provinzökonomie geschaffen.

Die Vielzahl der Einzelaufgaben von A wie Arbeitsverträge (rechtssichere Aktualisierung und Vereinheitlichung) über M wie Mitteilungsbriefe (u. a. an Mitarbeiter, Vertragspartner und amtliche Stellen) bis Z wie Zuwendungsbestätigung (neues juristisch überprüftes Formular und dessen Einbindung in die Spendensoftware) erforderte für die Kommunikation sowohl nach innen in die Provinz, als auch nach außen eine übersichtliche Darstellung der übergeordneten Aufgabenfelder. Es ging um eine Finanzverwaltung, von der mehr erwartet wurde als nur Buchhaltung.

Daher wurden von der Projektleitung folgende Aufgabenfelder definiert:

<table>
<tr><td colspan="4">Controlling und strategische Planung
(Controlling i.S.v. Rationalitätssicherung der Führung über Information,
Koordination und Planung + Kontrolle hinaus)</td></tr>
<tr><td>Rechnungswesen
Buchführung
(Fibu, Entgelt, Anlagen)
Zahlungsverkehr
Steuern/Abgaben
Spendenquittungen
Controlling der Be-
teiligungen und der
Einrichtungen</td><td>Vermögensverwaltung
Liquiditätssteuerung
Geldanlage
Immobilienmanage-
ment
Nachlassmanagement
Fundraising</td><td>Personal + Recht
Entgeltabrechnung
Personalverwaltung
Personalentwicklung
Sozialversicherung
Sachversicherung
Soz. Vers. Mitbrüder
Vertragswesen</td><td>EDV + Technik
Hardware
Software
Telefon
Mobiltelefon
Internet
KFZ-Verwaltung</td></tr>
<tr><td colspan="4">Sekretariat / Registratur</td></tr>
</table>

Die Finanzverwaltung an sich ist kein Selbstzweck, sondern dient in diesem Fall in erster Linie dem Controlling und der strategischen Planung, um der Provinzleitung transparente und objektive Entscheidungsgrundlagen aus ökonomischer Perspektive zu liefern.

Dabei zielt Rationalitätssicherung[3] darauf ab, die Provinzleitung bei der Meinungsfindung zusätzlich zu politischen und emotionalen Aspekten mit Daten und Fakten zu unterstützen.

Controlling ist hier gemeint als Steuerungsinstrument, wie ein Anzeigensystem im Cockpit eines Flugzeugs. Diese Daten sollen die strategische Planung dahingehend unterstützen, dass über eine reine Langfristplanung hinaus die ökonomische Überlebensfähigkeit gesichert ist, auch bei Eintritt scheinbar unplanbarer Vorkommnisse.

Folgende Ziele waren und sind handlungsleitend bei der Einrichtung und der fortlaufenden Arbeit der zentralen Finanzverwaltung:

- Aktuelle Informationen zur finanziellen Situation der Deutschen Franziskanerprovinz

- Unterstützung bei Entscheidungsfindung der Provinzleitung aus ökonomischer Perspektive

---

3   Vgl. Weber, Jürgen / Schäffer, Utz: Einführung in das Controlling. Stuttgart 2011.

- Transparenz schaffen und Kostenbewusstsein stärken

- Beratende, zeitnahe Rückmeldung an die einzelnen Häuser und Einrichtungen (Haushaltsplan- und Budget-Vergleich mindestens vierteljährlich)

- Ausschöpfen von Synergiepotenzialen:
  - Organisation von gemeinschaftlichem Einkauf (Heizöl, Strom, KFZ usw.)
  - Zentrale gemeinschaftliche Geldanlage
  - Rahmenverträge usw.

- Bewusstsein schaffen für die weitreichenden Folgen (ökonomisch und ökologisch) von Entscheidungen hinsichtlich Kosten und Folgekosten sowie für die Außenwirkung bei Baumaßnahmen, Lebensstil, Anschaffungen und Autos

Erwähnt sei an dieser Stelle noch, dass zur Erreichung der vorgenannten Ziele jede der vielen Einzelaufgaben nicht nur unter quantitativen Aspekten zu bewältigen war, sondern dass zu deren organisatorischen Lösung erst ein Ablaufprozess neu konzipiert, organisiert, getestet und eingeführt werden musste.

Am Beispiel der Neuorganisation des Zahlungsverkehrs soll dies kurz erläutert werden: In der Zeit vor der Vereinigung der Franziskanerprovinzen hatten die meisten Klöster und Einrichtungen ihren Zahlungsverkehr selbst organisiert, was dazu führte, dass unverhältnismäßig hohe Liquiditätsbestände auf den vielen Girokonten lagen und wenig bis gar nicht verzinst wurden. Diese dezentrale Struktur hatte zudem den großen Nachteil, dass niemand in der Provinz, schon gar nicht jemand in der Provinzleitung, einen aktuellen Überblick über den gegenwärtigen Geldbestand hatte. Am Rande und als Hinweis zur Notwendigkeit der Vereinfachung sei hier erwähnt, dass zu Anfang aus den ehemaligen Rechtsträgern mehrere Hundert Bankkonten bei über 70 verschiedenen Banken in die Deutsche Provinz übernommen wurden.

Die Lösung bestand darin, nur noch ein Girokonto pro Haus bzw. Einrichtung zu organisieren, das monatlich automatisch mittels eines sog. Cash Pooling Systems mit Liquidität versorgt wird. Falls mehr Geld über einen bestimmten Sockelbetrag hinaus auf einem Konto am Monatsende liegt, wird bis zu diesem Sockelbetrag überschüssige Liquidität abgeschöpft. Die Höhe des Sockelbetrages wurde vorher mit den Verantwortlichen vor Ort festgelegt. So wird gewährleistet, dass einerseits genügend Geld für den lokal notwendigen Zahlungsverkehr zur Verfügung steht

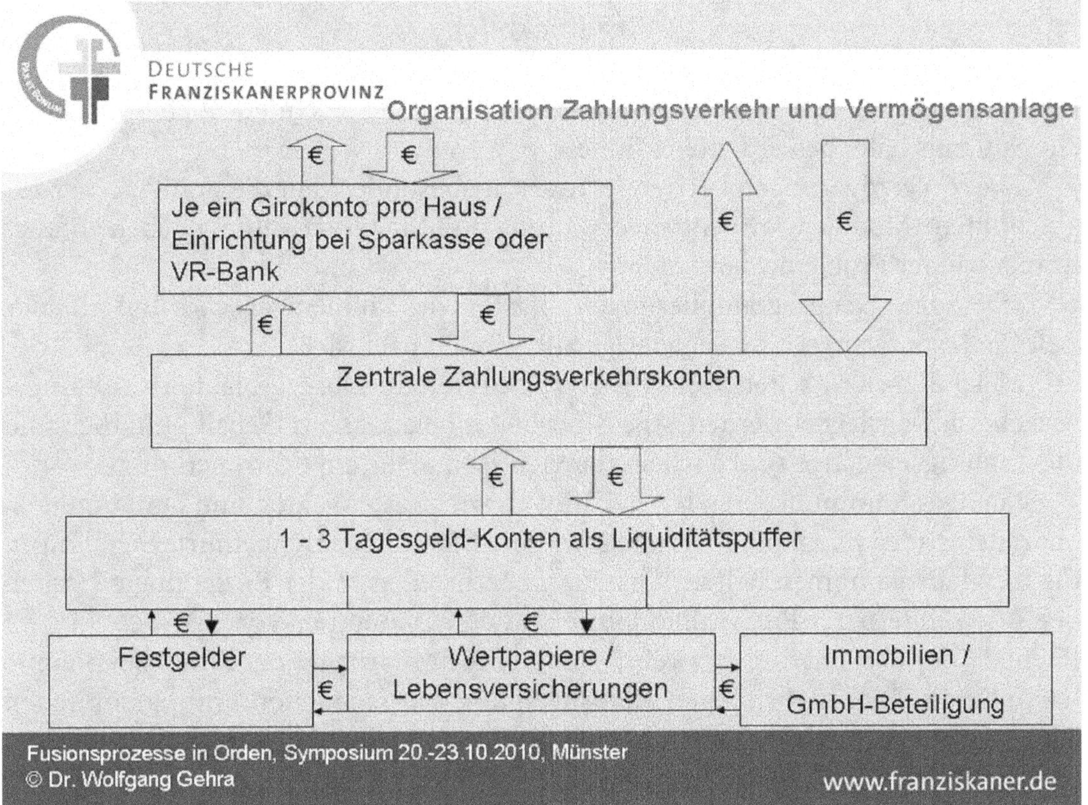

und andererseits nicht benötigte Gelder gesammelt, dadurch zentral und damit einhergehend höher verzinst angelegt werden können. Bei über 40 Klöstern und noch einmal so vielen größeren und kleineren Einrichtungen lässt sich damit eine beträchtliche Summe an Zinsen generieren. Hinzu kommt, dass aufgrund der weitestgehenden Zentralisierung des Zahlungsverkehrs, die notwendige Liquidität besser geplant werden kann, was zusätzlich erhebliche Mittel frei werden ließ, die gewinnbringender anderweitig angelegt werden konnten. Gleichzeitig kann der Provinzleitung jederzeit Auskunft über die aktuelle Liquiditätslage der gesamten Provinz mit all ihren Häusern und Einrichtungen gegeben werden.

Im Rückblick

In der Rückschau lässt sich ein insgesamt positives Bild zeichnen, auch wenn manches anfangs hätte besser laufen können.

Gerade Verzögerungen bei der Software, insbesondere auf die Franziskaner zugeschnittene Module wie Spendenverwaltung und Mieterverwaltung haben anfangs immer wieder Probleme bereitet.

Dabei zogen Neuprogrammierungen aufgrund des Kundenwunsches und fehlende Zeit für Tests zwangsläufig schwierige Situationen nach sich.

Trotz aller Schwierigkeiten konnte jederzeit ein reibungsloser Ablauf des Zahlungsverkehrs gewährleistet werden. Alle Mitarbeiter bekamen ihr Gehalt pünktlich und die Zahlungseingänge sind auch an der richtigen Stelle angekommen.

Ständiges Kommunizieren hat sich hier als wichtigster Faktor zum Funktionieren der miteinander verzahnten Abläufe erwiesen. Mehrfach durchgeführte Schulungen für die Hausökonomen halfen Vertrauen herzustellen in der Beziehung zwischen den Mitarbeitern der Provinzökonomie und den Ökonomen vor Ort.

Ebenfalls bewährt hat es sich, zweimal im Jahr die Mitarbeiter der Provinzökonomie im Rahmen einer mehrtägigen Klausurtagung mit fachlichen und persönlichen Themen arbeiten zu lassen, um ehemals als Einzelspieler eingesetzten Buchhaltern den Teamgedanken nahe zu bringen.

Bei einzelnen Brüdern und bei manchen Einrichtungen bestanden durchaus aufgrund der bisherigen dezentralen Struktur erhebliche Ressentiments gegenüber der Zentralisierung. Dabei war von Anfang an die Rückendeckung der Mitglieder des Kooperationsrates und anschließend der neuen Provinzleitung in Bezug auf die Zentralisierung des Finanzsystems mit dem Hinweis hilfreich, dass der Lebensraum der Brüder die Provinz sei.

In der Gesamtschau entlastet die zentrale Finanzverwaltung die Brüder von Verwaltungsaufgaben, professionalisiert sämtliche Aufgabenbereiche und liefert für die Provinzverwaltung schnell und übersichtlich die notwendigen Informationen.

Die Entscheidung für eine Finanzverwaltung, noch dazu eine zentrale, kann daher im Rückblick und damit als Antwort auf die am Anfang gestellte Frage als grundlegend richtig beurteilt werden.

Dennoch gilt es bei allem Elan für Organisieren und Managen immer zu berücksichtigen, dass sämtliche Paragrafen, Zahlenwerk, Verträge und Euros nur den finanzwirtschaftlichen Aspekt jenes Dienstes am Menschen darstellen, den die Franziskaner zusammen mit ihren Mitarbeitern in ihrer täglichen Arbeit als „Gottes-Dienst" leisten.

Zivilrechtliche und steuerrechtliche Aspekte von Fusionen im Ordensbereich[1]

Karsten Stecker

1. Überblick

Bei Fusionen im Ordensbereich spielen vielschichtige Fragestellungen eine entscheidende Rolle und müssen im Rahmen der Zusammenführung mehrerer kirchenrechtlicher Ordensprovinzen zu einem Rechtsträger berücksichtigt werden. Dies betrifft vor allem kirchenrechtliche, zivilrechtliche, steuerrechtliche, arbeitsrechtliche und bilanzielle Aspekte, um die wichtigsten zu nennen. Diese und andere Aspekte werden im Rahmen des Beitrages behandelt werden. Der Schwerpunkt liegt hierbei auf den steuerrechtlichen Aspekten.

2. Kirchenrechtlicher Zusammenschluss per Dekret der Generalleitung

Das kirchenrechtliche Dekret der Generalleitung der fusionierenden Ordensgemeinschaften ist die Basis für die Umstrukturierung der bisherigen kirchenrechtlichen Provinzen, für die Schaffung einer neuen einheitlichen Provinz und vor allem für die Eingliederung der Ordensmitglieder in die aufnehmende kirchenrechtliche Provinz. Im Rahmen des Dekrets der Generalleitung wird auch der aufnehmende Rechtsträger der neuen kirchenrechtlichen Provinz bezeichnet.

Das Dekret muss allen deutschen staatskirchenrechtlichen Anforderungen entsprechen mit der Folge, dass in der Regel die Auflösung der juristischen Personen der kirchenrechtlich aufgelösten Provinzen von Seiten der beteiligten Landesministerien gefordert wird. Dies führt dazu, dass es auf der Grundlage des umzusetzenden kirchenrechtlichen Dekrets zur Schaffung beispielsweise einer „Provinz Deutschland" auf zivilrechtlicher Ebene erforderlich ist, die Vermögen der verschiedenen beteiligten

[1] Der nachfolgende Beitrag gibt in verkürzter Form den Inhalt des Vortrages von Herrn Rechtsanwalt Stecker im Rahmen des Symposiums „Fusionsprozesse im Ordensbereich – Veränderungen als Chance begreifen" am 22. Oktober 2010 in Münster wieder.

Rechtsträger der vormaligen kirchenrechtlichen Provinzen auf die vereinigten und neuen aufnehmenden Rechtsträger zu übertragen.

3. Zivilrechtliche Aspekte – Beteiligte Rechtsträger

In Deutschland finden sich im Ordensbereich verschiedenste Formen zivilrechtlicher Rechtsträger, deren rechtliche Eigenheiten im Rahmen eines solchen Vereinigungsprozesses berücksichtigt werden müssen.

Dabei handelt es sich in der Praxis um:

- nicht eingetragene Vereine,
- eingetragene Vereine,
- Gesellschaften mit beschränkter Haftung,
- rechtsfähige Stiftungen
- und, vor allem in den südlichen Bundesländern, Körperschaften des öffentlichen Rechts.

4. Schaffung neuer zivilrechtlicher Strukturen

Bei dem Zusammenschluss von kirchenrechtlichen Provinzen, z. B. zu einer Provinz Deutschland, ist zu entscheiden, welchen zivilrechtlichen Rechtsträgercharakter die aufnehmende kirchenrechtliche Provinz haben soll. Hierbei gibt es eine Vielzahl von Möglichkeiten. In der Praxis hat sich herauskristallisiert, dass bei einem Ordenszusammenschluss, bei dem die Möglichkeit besteht, auf eine bestehende Körperschaft des öffentlichen Rechts zu vereinigen und diese als aufnehmenden Rechtsträger zu positionieren, diese bevorzugt verwendet wird.

Die Körperschaft des öffentlichen Rechts hat, wie nachfolgend noch dargestellt werden wird, diverse Vorteile im steuerlichen Bereich (siehe hierzu 6.).

5. Bilanzielle Aspekte –
Übertragung der Aktiva und Passiva auf den neuen Rechtsträger

Im Grunde genommen ist davon auszugehen, dass durch den kirchenrechtlichen Zusammenschluss auch der zivilrechtliche Zusammenschluss vollumfänglich erfolgt, d. h. es werden sämtliche Aktiva und Passiva der bisherigen beteiligten Rechtsträger und Provinzen auf den neuen Rechtsträger und die neue Provinz übertragen. Dies bedeutet im Einzelnen:

- gesamtes Anlagevermögen: Immaterielle Vermögensgegenstände
  Immobilien
  Mobilien
  Wertpapiere/Finanzanlagen/Beteiligungen
- gesamtes Umlaufvermögen: Vorräte
  Forderungen
  Kassen- /Bankguthaben
  aktive Rechnungsabgrenzungsposten
- alle Rückstellungen: u. a. Altersversorgungsrückstellung
  Ordensmitglieder
- alle Verbindlichkeiten: gegenüber Kreditinstituten
  aus Lieferungen und Leistungen
  aus sozialen Verpflichtungen
  sonstige Verbindlichkeiten
- im Saldo das gesamte Eigenkapital mit allen Rücklagen und den damit verbundenen steuerlichen Verpflichtungen

Als Folge dieser gesamten Vermögensübertragung sind die bisherigen beteiligten Rechtsträger zum Vereinigungsstichtag vermögenslos und können somit entsprechend den für sie geltenden rechtlichen Rahmenbedingungen aufgelöst werden.

6. Beschreibung der Bereiche einer steuerbegünstigten Körperschaft in Abgrenzung zu einer Körperschaft des öffentlichen Rechts

Im Rahmen des Zusammenschlusses der beteiligten kirchenrechtlichen Provinzen zu einer Provinz sind insbesondere im steuerlichen Bereich die gemeinnützigkeitsrechtlichen Fragestellungen der bisherigen beteiligten Rechtsträger als auch die steuerliche Beurteilung des neuen aufnehmenden Rechtsträgers zu berücksichtigen. Insbesondere ist dabei zu prüfen, welche Arten von Tätigkeiten durch die beteiligten Provinzrechtsträger ausgeübt wurden und wie diese steuerlich behandelt wurden.

6.1. Bereiche einer steuerbegünstigten Körperschaft

Nach der Vier-Sphären-Theorie für steuerbegünstigte Körperschaften i. S. v. § 5 Abs. 1 Nr. 9 Körperschaftsteuergesetz (KStG) ergibt sich folgende steuerliche Zuordnung:

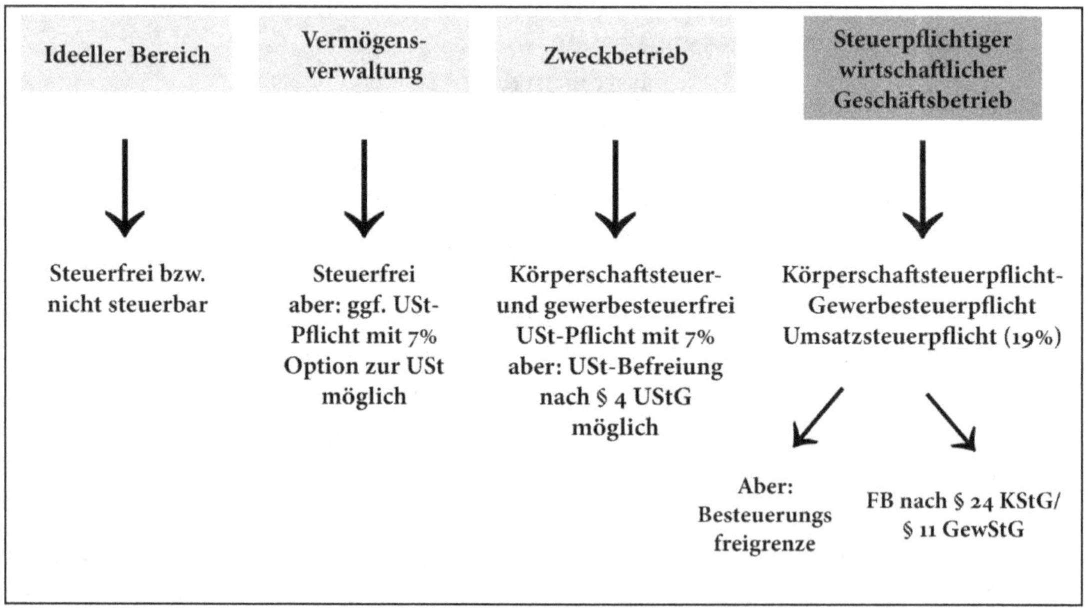

Quelle: Solidaris.

Insbesondere sind die Vorschriften zur zeitnahen Mittelverwendung und der Grundsatz der Vermögensbindung zu beachten.

6.2. Bereiche einer Körperschaft des öffentlichen Rechts

6.2.1. Der Begriff „Körperschaft des öffentlichen Rechts"

Körperschaften des öffentlichen Rechts (KdöR) sind rechtsfähige Gebilde mit öffentlich-rechtlicher Persönlichkeit. Für die steuerliche Erfassung der Körperschaft des öffentlichen Rechts schließt eine Reihe von Steuergesetzen an den körperschaftsteuerlichen Begriff des Betriebs gewerblicher Art (BgA) an. Es sind vor allem das Körperschaftsteuer-, Einkommensteuer (EStG)- und das Umsatzsteuergesetz (UStG). Das Gewerbesteuergesetz (GewStG) setzt einen Gewerbebetrieb gemäß § 15 Abs. 2 EStG voraus und spricht in Bezug auf juristische Personen des öffentlichen Rechts von Unternehmen der öffentlichen Hand.

Die Tätigkeitsbereiche einer Körperschaft des öffentlichen Rechts sind zu unterscheiden in Hoheitsbereich, Vermögensverwaltung und Betrieb gewerblicher Art.

6.2.2. Hoheitsbetriebe

Hoheitsbetriebe sind im Umkehrschluss zu § 4 Abs. 5 KStG Betriebe von Körperschaften des öffentlichen Rechts, die überwiegend der Ausübung der öffentlichen Gewalt dienen. Dabei handelt es sich nach der ständigen Rechtsprechung um Tätigkeiten, die den Körperschaften des öffentlichen Rechts eigentümlich und vorbehalten sind. Wird ausschließlich eine hoheitliche Tätigkeit ausgeübt, so ist der reine Hoheitsbetrieb nach § 4 Abs. 1 KStG mangels wirtschaftlicher Betätigungen kein Betrieb gewerblicher Art. Sofern diese vorrangig als hoheitliche Tätigkeit festgestellt wird, ist sie insgesamt als Hoheitsbetrieb anzusehen. Vertiefte Darlegungen zur begünstigten hoheitlichen Tätigkeit werden an anderer Stelle in diesem Beitrag dargestellt. Die Körperschaft des öffentlichen Rechts begibt sich dann in den steuerpflichtigen Bereich, wenn die Wettbewerbsneutralität nicht mehr gewährleistet ist. Hilfeleistung wie z. B. Amtshilfe kirchlicher oder kommunaler Einrichtungen untereinander oder an andere juristische Personen des öffentlichen Rechts zur Vollziehung ihrer öffentlichen Aufgaben sind steuerlich unbeachtlich, soweit diese Tätigkeit von Privatunternehmen nicht ausgeführt werden kann. Betreibt ein Hoheitsbetrieb z. B. eine Kantine, Verkaufsstelle oder Erholungsheim, so können diese gewerblichen Betätigungen jeweils für sich selbst einen Betrieb gewerblicher Art darstellen.

6.2.3. Vermögensverwaltung

Unter Vermögensverwaltung versteht man die Nutzung des Vermögens, z. B. aus der verzinslichen Anlage von Kapitalvermögen oder der Vermietung und Verpachtung von unbeweglichem Vermögen (§ 14 Satz 3 AO). Die über die Vermögensverwaltung hinaus gehende Tätigkeit kann in einigen Fällen zur Steuerbarkeit im Rahmen eines Betriebes gewerblicher Art führen.

6.2.4. Betriebe gewerblicher Art

Der Begriff „Betrieb gewerblicher Art" ist nicht in der Abgabenordnung (AO), sondern im § 4 Abs. 1 KStG definiert. Bei diesen Betrieben gewerblicher Art handelt es sich demnach um alle Einrichtungen, die einer nachhaltigen wirtschaftlichen Tätigkeit zur Erzielung von Einnahmen außerhalb der Land- und Forstwirtschaft dienen und die sich innerhalb der Gesamtbetätigung der Körperschaft des öffentlichen Rechts wirtschaftlich herausheben. Es ist weder die Gewinnerzielungsabsicht noch die Teilnahme am wirtschaftlichen Verkehr erforderlich. Betriebe gewerblicher Art sind rechtlich unselbstständig, innerhalb der Gesamtbetätigung der öffentlich rechtlichen Körperschaft wird diesem jedoch eine gewisse selbständige Wirtschaftlichkeit verliehen. Diese wirtschaftliche Verselbständigung führt zu einer getrennten steuerlichen Erfassung der einzelnen Betriebe gewerblicher Art. Die einzelnen Voraussetzungen sind nachfolgend kurz definiert.

6.2.4.1. Einrichtung

Unter Einrichtung ist eine nachhaltige selbständige Tätigkeit zu verstehen, die sich als wettbewerbsrelevante Tätigkeit von den übrigen Aufgaben der KdöR abgrenzen lässt. Als Indiz zur Annahme der wirtschaftlichen Selbstständigkeit einer Einrichtung sind ein Jahresumsatz von über 130.000 Euro und eine gemischt veranlasste Betätigung ohne klare Absetzung der nachfolgend genannten Merkmale anzusehen. Merkmale für die vorliegende wirtschaftliche Selbständigkeit können sein:

- besondere Leitung,
- geschlossener Geschäftskreis,

- getrennte Buchführung,
- ein ähnliches, auf eine Einheit hindeutendes Merkmal.

Eine organisatorische Einheit und ein Personalstamm sind nicht obligatorisch, es genügt eine klare Abgrenzung der wirtschaftlichen Tätigkeit von der hoheitlichen Tätigkeit.

6.2.4.2. Nachhaltige wirtschaftliche Tätigkeit

Eine Tätigkeit ist dann nachhaltig, wenn sie mit der Absicht zur Wiederholung angelegt ist. Stand die Einnahmenerzielungsabsicht von vornherein im Vordergrund oder löst sie auch in Zukunft laufende Verpflichtungen ab, kann bereits einmaliges Tätigwerden Nachhaltigkeit bewirken.

6.2.4.3. Einnahmenerzielungsabsicht

Gemäß § 4 Abs. 1 Satz 2 KStG genügt die Einnahmeerzielungsabsicht als Kriterium für wirtschaftliche Betätigung, eine Gewinnerzielungsabsicht ist nicht relevant. § 8 Abs. 1 EStG definiert den Begriff Einnahmen als jede Tätigkeit, die gegen Entgelt ausgeübt wird. Spenden oder Zuwendungen von Todes wegen sind beispielsweise keine Einnahmen, da diese ohne Gegenleistung erfolgen. Sind Einnahmen nur ein Nebenzweck einer hoheitlichen Betätigung oder eines Zweckbetriebs der öffentlich rechtlichen Körperschaft, sind diese steuerlich unbeachtlich.

6.2.4.4. Wirtschaftliches Herausheben

Ist die Jahresumsatzgrenze von 30.678 Euro überschritten, geht die Finanzverwaltung davon aus, dass es sich um eine Tätigkeit von einigem wirtschaftlichen Gewicht (Abschn. 6 Abs. 5 Satz 1 KStR) handeln muss.

6.2.5. Zusammenfassung von Betrieben gewerblicher Art

Weiterhin steuerrechtlich von Bedeutung ist die Zusammenfassung von Betrieben gewerblicher Art.

Gemäß § 4 Abs. 6 KStG kann ein Betrieb gewerblicher Art mit einem oder mehreren anderen Betrieben gewerblicher Art zusammengefasst werden, wenn sie gleichartig sind, zwischen ihnen nach dem Gesamtbild der tatsächlichen Verhältnisse objektiv eine engere wechselseitige technisch-wirtschaftliche Verflechtung von einigem Gewicht besteht oder Betriebe gewerblicher Art im Sinne des Abs. 3 (z. B. Betriebe zur Versorgung der Bevölkerung mit Wasser, Gas etc.) vorliegen.

Ein Betrieb gewerblicher Art kann nicht mit einem Hoheitsbetrieb zusammengefasst werden. Ebenfalls wird die Zusammenfassung von Bereichen der Vermögensverwaltung mit einem Betrieb gewerblicher Art nicht anerkannt. Demzufolge wird nochmals deutlich, dass aus Sicht der Finanzverwaltung nur die so genannten Betriebe gewerblicher Art interessant sind und nicht der hoheitliche Bereich bzw. der Bereich der Vermögensverwaltung. Demzufolge ist es zwingend erforderlich, eine klare Abgrenzung vorzunehmen.

6.2.6. Steuerbegünstigung von Betrieben gewerblicher Art

Die Betriebe gewerblicher Art können sowohl steuerpflichtig als auch steuerbegünstigt sein. Durch die Nennung in § 55 Abs. 3 AO und im durch das Jahressteuergesetz 2009 aufgehobenen § 62 AO ist zu unterstellen, dass Vergünstigungen der Gemeinnützigkeit auch auf die Betriebe gewerblicher Art, die gemeinnützige, mildtätige oder kirchliche Zwecke verfolgen, anzuwenden sind. Hoheitsbetriebe der Körperschaft des öffentlichen Rechts sind von vornherein nicht steuerbar, da eine persönliche Steuerbefreiung dem Gemeinnützigkeitsrecht vorgeht. Nicht steuerbegünstigt sind die Körperschaften des öffentlichen Rechts als solche. Um die Voraussetzung der Steuerbegünstigung zu erfüllen, ist der Betrieb gewerblicher Art gehalten, die in §§ 65ff. AO geregelten Kriterien eines Zweckbetriebes zu beachten. Für einen steuerlich „unschädlichen" Zweckbetrieb ist erforderlich, dass dieser nicht mit gleichen oder ähnlichen Unternehmen in Konkurrenz tritt, als es zur Erfüllung steuerbegünstigter Zwecke unvermeidbar ist. Im Übrigen finden die gesamten Steuerbefreiungsvorschriften auf die Betriebe gewerblicher Art Anwendung. Eine Körperschaft des öffentlichen Rechts ist demnach gehalten, für jeden steuerbegünstigten Betrieb gewerblicher

Art eine eigene Satzung oder sonstige Verfassung in Übereinstimmung mit dem § 55 AO sowie den aktuellen Mustern (Anlage 1 zu § 60 AO) aufzustellen. Es wird für jeden einzelnen Betrieb einer Körperschaft des öffentlichen Rechts bezüglich seiner Steuerbegünstigung entschieden. Dafür müssen die Satzungszwecke genau bestimmt werden. Auch dürfen weiterhin nur die gemäß § 56 AO ausschließlichen, nach §§ 52 – 54 AO steuerbegünstigten und in der Satzung niedergelegten Zwecke durch den steuerbegünstigten Betrieb gewerblicher Art unmittelbar angestrebt werden. Auch der Grundsatz der Selbstlosigkeit des § 55 Abs. 1 Satz 1 AO, der voraussetzt, dass im Vordergrund der Betätigung nicht die Förderung und Unterstützung des Eigeninteresses steht, ist zwingend für den steuerbegünstigten Betrieb gewerblicher Art einzuhalten, ebenso der Grundsatz der Vermögensbindung im Sinne des § 55 Abs. 1 Nr. 4. AO. Es ist nicht erforderlich, dass das Vermögen den gleichen Zweck zugeführt wird, den die Körperschaft bis zu ihrer Auflösung verfolgt hat. Eine ausreichende Vermögensbindung liegt daher vor, wenn das gesamte Vermögen vom Empfänger für einen konkreten abgabenordnungsrechtlich begünstigten Zweck oder für gemeinnützige, mildtätige oder kirchliche Zwecke im Sinne der §§ 52 bis 54 AO verwendet wird.

6.2.7. Ertragbesteuerung

Betriebe gewerblicher Art von Körperschaften des öffentlichen Rechts sind gemäß § 1 Abs. 1 Nr. 6 KStG unbeschränkt körperschaftsteuerpflichtig, sofern sie ihren Geschäftssitz oder den Sitz im Inland haben. Nach der BFH-Rechtsprechung ist die KdöR selbst Steuersubjekt der Körperschaftsteuer. Aufgrund der mangelnden organisatorischen Ausgestaltung im Rechtsverkehr ist der BgA nicht selbst Rechtssubjekt und damit handlungsunfähig. Demgemäß kann der BgA nicht als Träger von Rechten und Pflichten im Steuerrecht als Zuordnungssubjekt gelten und bleibt somit unselbständiger Teil der KdöR. Andererseits wird dem BgA seitens des BFH eine gewisse Verselbständigung für Zwecke der körperschaftsteuerlichen Einkommensermittlung zugesprochen. Die getrennte Ergebnisermittlung ist in der Weise durchzuführen, als sei der Betrieb gewerblicher Art ein selbständiges Steuerrechtssubjekt in der Rechtsform einer Kapitalgesellschaft und die Trägerkörperschaft deren Alleingesellschafter. Dies führt dazu, dass der BgA als eine virtuelle Kapitalgesellschaft behandelt wird, für die gemäß § 8 Abs. 1 KStG auch die Vorschriften des Einkommensteuergesetzes gelten.

6.2.8. Umsatzbesteuerung

6.2.8.1. Unternehmereigenschaft

Körperschaften des öffentlichen Rechts sind gemäß § 2 Abs. 3 UStG nur im Rahmen ihrer Betriebe gewerblicher Art im Sinne von §§ 1 Abs. 1 Nr. 6; 4 KStG sowie der land- und forstwirtschaftlichen Betriebe gewerblich oder beruflich tätig. Demzufolge ist die KdöR selbst Unternehmer und damit Steuersubjekt.

Entsprechend der Auffassung der Finanzverwaltung sind die von der Rechtsprechung entwickelten Umsatzgrenzen von 130.000 Euro (Abschn. 5 Abs. 4 KStR) bzw. 30.678 Euro (Abschn. 5 Abs. 5 KStR) einheitlich für Umsatz- und Körperschaftsteuer anzuwenden.

Grundsätzlich sind KdöR nach § 2 Abs. 3 UStG in Verbindung mit § 1 Abs. 1 Nr. 6 und § 4 KStG nur im Rahmen ihrer Betriebe gewerblicher Art und ihrer landwirt- und forstwirtschaftlichen Betriebe unternehmerisch tätig. Nur in diesen Betrieben ausgeführte Umsätze unterliegen der Umsatzsteuer. Da auch für juristische Personen der in § 2 Abs. 1 Satz 2 UStG geregelte Grundsatz der Unternehmenseinheit gilt, hat die KdöR nur ein Unternehmen, welches sämtliche Betriebe gewerblicher Art sowie land- und forstwirtschaftliche Betriebe umfasst. Ob ein Betrieb gewerblicher Art vorliegt, ist nach § 1 Abs. 1 Nr. 6 KStG in Verbindung mit § 4 KStG zu bestimmen und regelmäßig sowohl für die Umsatzsteuer als auch für die Körperschaftsteuer einheitlich zu entscheiden. Insofern wird hier auf die Einrichtung die wirtschaftliche Tätigkeit als gewerbliche Art der Tätigkeit und nicht als hoheitliche Tätigkeit, sowie hinsichtlich der Einnahmeerzielungsabsicht und Nachhaltigkeit und wirtschaftlichen Bedeutung auf die obigen Ausführungen zum Vorliegen eines Betriebes gewerblicher Art nach dem KStG verwiesen. Im Gegensatz zu den Betrieben gewerblicher Art liegt ein land- und forstwirtschaftlicher Betrieb, unabhängig von Umsatzgrenzen vor. Die Besteuerung der Umsätze der KdöR als unternehmerisch tätige juristische Person des öffentlichen Rechts folgt den allgemeinen Regeln. Dies gilt insbesondere auch für das Recht auf Vorsteuerabzug nach § 15 UStG und die Besteuerung von unentgeltlichen Wertabgaben. Es sind insofern folgende Fallgestaltungen zu unterscheiden.

6.2.8.2. Umsätze außerhalb des Rahmens des Unternehmens

Umsätze der KdöR außerhalb des Rahmens einer unternehmerischen Betätigung im Sinne von § 2 Abs. 3 UStG sind stets nicht steuerbar.

6.2.8.3. Umsätze innerhalb der Körperschaft

Umsätze zwischen mehreren Betrieben im Sinne des § 2 Abs. 3 UStG der KdöR sind unabhängig von etwaigen Leistungsverrechnungen nicht steuerbare Innenumsätze, da der Rahmen des Unternehmens der KdöR nicht verlassen wird.

6.2.8.4. Umsätze von einem Betrieb gewerblicher Art an den Hoheitsbereich der eigenen Trägerkörperschaft

Umsätze eines Betriebes gewerblicher Art im Sinne des § 2 Abs. 3 UStG oder eines land- oder forstwirtschaftlichen Betriebes an den Hoheitsbereich führen zu unentgeltlichen Wertabgaben. Die Entnahme eines Gegenstandes aus dem unternehmerischen Bereich und dessen Überführung in den hoheitlichen Bereich der Trägerkörperschaft stellt eine nach § 3 Abs. 1b Satz 1 Nr. 1 UStG steuerbare und steuerpflichtige unentgeltliche Wertabgabe dar, da der Gegenstand für außerunternehmerische Zwecke (hoheitliche Betätigungen) entnommen wird. Voraussetzung ist, dass der Gegenstand zum vollen oder teilweisen Vorsteuerabzug berechtigt hat, § 3 Abs. 1b Satz 2 UStG. Die unentgeltliche Wertabgabe bemisst sich gemäß § 10 Abs. 4 Nr. 1 UStG nach dem Einkaufspreis zuzüglich Nebenkosten für den Gegenstand oder für einen gleichartigen Gegenstand oder mangels eines Einkaufspreises nach den Selbstkosten jeweils zum Zeitpunkt des Umsatzes. Verwendet die KdöR im hoheitlichen Bereich einen unternehmerischen Gegenstand, der zum vollen oder teilweisen Vorsteuerabzug berechtigt hat, so stellt diese Leistung aus dem unternehmerischen Bereich an den hoheitlichen Bereich eine nach § 3 Abs. 9a Nr. 1 UStG steuerbare und steuerpflichtige unentgeltliche Wertabgabe dar. Denn der dem unternehmerischen Bereich zugeordnete Gegenstand wird für hoheitliche und somit außerunternehmerische Zwecke verwendet. Bemessungsgrundlage für die unentgeltliche Wertabgabe sind nach § 10 Abs. 4 Nr. 2 UStG die bei der Ausführung dieser Umsätze entstandenen Ausgaben des Unternehmers für die Erbringung der sonstigen Leistungen. Leistungen vom

Hoheitsbereich an den betrieblichen Bereich stellen nicht steuerbare Vorgänge dar, da sie außerhalb des Rahmens des Unternehmens erfolgen.

6.2.9. Zusammenfassend lässt sich die steuerliche Struktur einer Körperschaft des öffentlichen Rechts in folgendem Schaubild darstellen:

Steuerliche Bereiche einer KdöR		
nicht steuerbar	Ertragssteuerfrei	Ertragssteuerpflichtig
Hoheits-betrieb / **Ver-mögens-ver-waltung**	**Betrieb gewerblicher Art (BgA)**	
	steuerbegünstigter BgA	**steuerpflichtiger BgA**
nicht steuerbar	USt-steuerbar 0 % / 7 %	USt-steuerbar 0 % / 7 / 19 %

Quelle: Solidaris.

6.2.10. Zuordnung von Tätigkeiten in einer Körperschaft des öffentlichen Rechts

Im Rahmen der Übertragung von Tätigkeiten und Einrichtungen auf eine Körperschaft des öffentlichen Rechts ist auf der Basis der Verfügung der Oberfinanzdirektion Hannover vom 19. Februar 2004 zu prüfen, ob die Einrichtungen dem hoheitlichen Bereich zuzuordnen sind. Danach sind Einrichtungen, die nach dem kirchenrechtlichen Selbstverständnis dazu dienen, den Verkündigungsauftrag der Kirche wahrzunehmen, dem hoheitlichen Bereich der Körperschaft des öffentlichen Rechts zuzuordnen. Bei kirchlichen Angeboten an Christen und religiös Interessierte ist dies ausdrücklich zu bejahen, z. B. bei Besinnungstagen, Exerzitien, Seminaren, Schulungen oder sonstigen Veranstaltungen zu relevanten gesellschaftsrechtlichen Themen. Darüber hinaus wird auch bei Kindergärten, Kinderhorten, Kindertagesstätten sowie Alten- und Pflegeheimen, Krankenhäusern und Sozialstationen regelmäßig eine kirchliche Aufgabenwahrnehmung bzw. ein kirchlicher Verkündungsauftrag als im Vordergrund stehend angesehen, mit der Folge, dass diese Tätigkeiten dem Hoheitsbereich einer öffentlich-rechtlichen Religionsgemeinschaft zuzuordnen sind.

Der Betrieb von Alten- und Pflegeheimen, Krankenhäusern, Mahlzeitendiensten und Sozialstationen durch öffentlich-rechtliche Religionsgemeinschaften bzw. öffentlich-rechtliche Orden begründet nach dieser Verfügung keinen Betrieb gewerblicher Art. Derartige Einrichtungen sind Gegenstand des kirchlichen Verkündigungsauftrags als Ausdruck der tätigen Nächstenliebe.

Da die zu übertragenden Einrichtungen im hoheitlichen Bereich der Körperschaft des öffentlichen Rechts zu erfassen sind, ist die Aufstellung einer Satzung unter steuerrechtlichen bzw. gemeinnützigkeitsrechtlichen Gesichtspunkten entbehrlich. Somit ist festzustellen, dass im Vorfeld der Übertragungen oder Zusammenlegungen von Provinzen mit der Finanzverwaltung geklärt werden sollte, welche Einrichtungen der abgebenden Vereine, Gesellschaften, Rechtsträger in den Hoheitsbereich der Körperschaft des öffentlichen Rechts gelangen und welche den Status eines Betriebes gewerblicher Art mit eigener Satzung erhalten müssen.

Nachfolgend sind einige Beispiele für Tätigkeiten von beteiligten Rechtsträgern aufgeführt, die den verschiedenen Bereichen einer Körperschaft des öffentlichen Rechts im Rahmen eines Ordenszusammenschlusses zugeordnet werden:

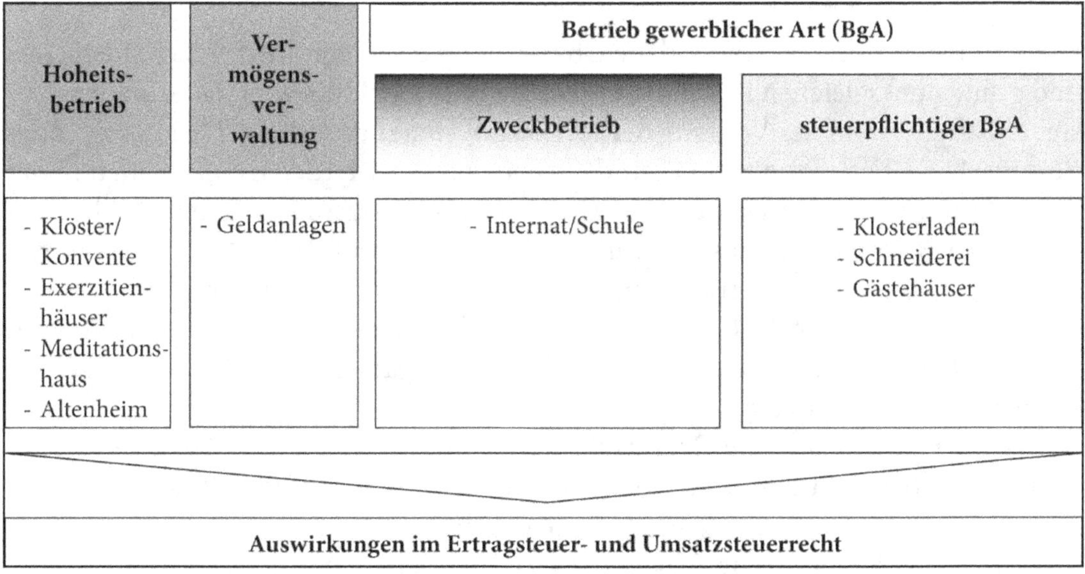

Quelle: Solidaris.

7. Schenkungsteuer bei Vermögensübertragung

Eine Vermögensübertragung ist eine Schenkung unter Lebenden gemäß § 7 Abs. 1 Nr. 1 Erbschaftsteuer- und Schenkungsteuergesetz (ErbStG), da die Vermögensanfälle ausschließlich bei einer Religionsgemeinschaft i. S. v. § 13 Abs. 1 Nr. 16 a) ErbStG erfolgt. Demzufolge sind die Vermögensübertragung und die Übertragung des Eigentums an Grund und Boden und grundstücksgleichen Rechten nach 13 Abs. 1 Nr. 16 a) ErbStG von der Schenkungsteuer befreit, da die Vermögenswerte für Tätigkeiten einer Körperschaft des öffentlichen Rechts bzw. für steuerbegünstigte Zwecke eingesetzt werden. Insbesondere dient hier die Körperschaft des öffentlichen Rechts den eigentlichen hoheitlichen Zwecken, d. h. die bisherigen Ordensaktivitäten und die sozial-karitativen Einrichtungen der Ordensgemeinschaft zu betreiben und das Ordensleben unverändert in der gemeinsamen Deutschen Provinz fortzuführen. Die Körperschaft des öffentlichen Rechts dient hier den eigenen hoheitlichen Zwecken. Insofern ist davon auszugehen, dass die Einbringung von Grundstücken zwar dem Grunde nach der Schenkungsteuer unterliegt, jedoch nach § 13 Abs. 1 Nr. 16 a) ErbStG von dieser befreit sind.

8. Grunderwerbsteuer bei Vermögensübertragung

Die Vermögensübertragung und die Übertragung des Eigentums an Grundstücken und grundstücksgleichen Rechten ist gemäß § 3 Nr. 2 GrEStG von der Grunderwerbsteuer befreit, wenn der Vorgang der Schenkungsteuer unterliegt. Hierzu folgendes Beispiel: Die Übertragung von Grundstücken von einer Ordensgemeinschaft in der Rechtsform eines eingetragenen Vereins auf eine Ordensgemeinschaft in der Rechtsform einer Körperschaft des öffentlichen Rechts kann nach § 3 Nr. 2 GrEStG von der Grunderwerbsteuer befreit sein, wenn keine Gegenleistung erbracht wird. Falls eine Gegenleistung vorliegt (z. B. in Form der Übernahme einer Verbindlichkeiten) liegt eine teilentgeltliche Schenkung vor. Dieser Vorgang ist grunderwerbsteuerlich dann anders zu beurteilen.

Darüber hinaus sind die Grundstückserwerbe gemäß § 4 Nr. 1 GrEStG von der Grunderwerbsteuer befreit, wenn die Grundstücksübertragung in Zusammenhang mit der Übertragung öffentlicher Aufgaben steht.

Örtlich zuständig für die Fragen der Grunderwerbsteuer des § 1 GrEStG ist gemäß § 17 Abs. 1 und Abs. 3 Nr. 2 GrEStG das Finanzamt, in dessen Bezirk sich die

Grundstücke befinden. Sind mehrere Grundstücke durch einen Vermögensübertragungsvertrag betroffen, richtet sich die örtliche Zuständigkeit gemäß § 17 Abs. 2 GrEStG nach der Lage des wertvollsten Grundstücks.

In Umwandlungsfällen ist das Finanzamt zuständig, in dessen Bezirk sich die Geschäftsleitung des Erwerbers befindet (§ 17 Abs. 3 Nr. 1 GrEStG). Aufgrund der Bedeutung der Frage der Grunderwerbsteuerpflicht und der daraus resultierenden Befreiungsmöglichkeiten sollte eine Abstimmung mit den zuständigen Finanzämtern im Rahmen einer verbindlichen Auskunft vor der zivilrechtlichen Übertragung und damit vor Abschluss der notariellen Übertragungsverträge erfolgen.

9. Umsatzsteuer bei Vermögensübertragung

Hinsichtlich der Umsatzsteuer wird entweder eine nach § 1 Abs. 1 a UStG nicht steuerbare Geschäftsveräußerung im Ganzen vorliegen oder es wird überhaupt an einem Leistungsaustausch fehlen. Zudem kann grundsätzlich bei der Umwandlung zweier Körperschaften, z. B. eines eingetragenen Vereins oder einer Körperschaft des öffentlichen Rechts, an denen niemand Gesellschafterrechte erwerben kann, eine Entgeltlichkeit in Form der Übertragung von Rechten nicht angenommen werden.

10. Gemeinnützigkeit bei Vermögensübertragung

Die Transferierung von Vermögenswerten einer steuerbegünstigten Körperschaft auf eine andere steuerbegünstigte Körperschaft ist ausschließlich unter Beachtung der Regelungen zur Gemeinnützigkeit i. S. d. §§ 52ff. AO zu prüfen. Hierbei ist zwingend der Grundsatz der Vermögensbindung nach § 55 Abs. 1 Nr. 4 AO zu beachten. Bei Auflösung einer gemeinnützigen steuerbefreiten Körperschaft darf das Vermögen nur für steuerbegünstigte Zwecke verwendet werden. Diese Voraussetzung ist nach § 55 Abs. 1 Nr. 4 AO auch dann erfüllt, wenn das Vermögen einer anderen steuerbegünstigten Körperschaft oder einer Körperschaft des öffentlichen Rechts für steuerbegünstigte Zwecke auf eine Körperschaft des öffentlichen Rechts übertragen wird. Insofern ist im Rahmen der vermögensrechtlichen Übertragungsvorgänge zwingend darauf zu achten, dass der neue aufnehmende Rechtsträger im Rahmen der Ordensfusionierung auch der vermögensanfallsberechtigte Rechtsträger der abgebenden Körperschaften ist.

11. Zusatzversorgungsrechtliche Aspekte der Altersversorgung der weltlichen Mitarbeiter

Hinsichtlich der Klärung der zusatzversorgungsrechtlichen Aspekte der Altersversorgung der weltlichen Mitarbeiter sind bei verschiedenen Rechtsträgern deren regionale Besonderheiten zu berücksichtigen. In der Praxis ist oft festzustellen, dass die beteiligten Provinzen bisher Mitglieder in unterschiedlichen Zusatzversorgungskassen sind. Diese Frage ist im Vorfeld der zivilrechtlichen Vereinigung mit allen beteiligten Zusatzversorgungskassen zu klären, insbesondere unter der Prämisse, dass der aufnehmende Rechtsträger bereits einer Zusatzversorgungskasse angehört und insofern die Frage der Einteilung hinsichtlich Neueinstellungen von weltlichen Mitarbeitern als auch der Übernahme der bereits beschäftigten Mitarbeiter und deren Verbleib in der bisherigen Zusatzversorgungskasse zu klären ist. Insbesondere ist die Frage von partiellen Beteiligungen für die bereits in einer Versorgungskasse versicherten Mitarbeiter zu klären.

12. Betriebsübergang nach § 613 a BGB

Im Rahmen der Übertragung von Betrieben und Einrichtungen sowie von Vermögen von einem Rechtsträger auf einen anderen Rechtsträger, insbesondere auf den neuen Rechtsträger der aufnehmenden Provinz ist zu berücksichtigen, dass hier die Regularien des § 613 a Abs. 5 BGB anzuwenden sind. Das heißt, der bisherige Arbeitgeber oder der neue Inhaber hat die von einem Übergang betroffenen Arbeitnehmer vor dem Übergang in Textform zu unterrichten über

1. den geplanten Zeitpunkt des Übergangs,

2. den Grund für den Übergang,

3. die rechtlichen, wirtschaftlichen und sozialen Folgen des Übergangs für die Arbeitnehmer,

4. die hinsichtlich der Arbeitnehmer in Aussicht genommenen Maßnahmen.

In diesem Zusammenhang ist zu berücksichtigen, dass grundsätzlich auch die Mitarbeitervertretung frühzeitig zu informieren ist.

Der Bereich der zusatzversorgungsrechtlichen und arbeitsrechtlichen Aspekte einer Ordensfusion wurde aus Zeitgründen nur kurz gestreift und wird auch hier nicht vertieft dargestellt.

13. Kurze Checkliste zur Analyse der Ausgangssituation

- Rechtsform der Rechtsträger
- Anzahl der Ordensangehörigen
- Anzahl der weltlichen Mitarbeiter
- Arbeitgeber
- Entlohnung grds. nach AVR mit / ohne Zusatzversorgungskasse
- Mitarbeitervertretung
- Immobilienbesitz
- Inventarlisten über alle Vermögensgegenstände
- Steuerpflicht
- Buchhaltung / EDV
- Die beabsichtigten Vermögensübertragungen müssen mit den zuständigen Finanzämtern abgestimmt werden.
- Die satzungsmäßige Vermögensanfallsberechtigung ist bei Auflösung eines nicht eingetragenen Vereins und einer GmbH dahingehend zu ändern, dass der Rechtsträger der aufnehmenden Ordensgemeinschaft auch Rechtsträger der vermögensanfallsberechtigten Ordensgemeinschaft ist.
- Behandlung etwaiger Fördermittel, sowie die Einbeziehung der Kostenträger zur Sicherstellung der zukünftigen Finanzierung der Einrichtungen.
- Daneben spielen oftmals Fragen der bestehenden Zusatzversorgung der Mitarbeiter der jeweiligen Einrichtungen eine besondere Rolle; hier können, abhängig von den regionalen Gegebenheiten, unterschiedliche Zugehörigkeiten zu Zusatzversorgungskassen bestehen.
- Mitgliedschaften der bisherigen Rechtsträger in Vereinen und Verbänden etc.
- Kooperationen
- Finanzierungszusagen zu übergreifenden Projekten

14. Kurzer Fragenkatalog im Zusammenhang mit einer Fusion im Ordensbereich

- Grunderwerbsteuer
- Ertragsteuern
- Umsatzsteuer
- Arbeitsrecht / Betriebsübergang
- Gemeinnützigkeitsrecht
- Altersversorgung weltliche Mitarbeiter
- Übertragung von Vertragsbeziehungen
- Auflagen aus Erbschaften / Schenkungen
- Übertragung gesellschaftsrechtlicher Beteiligungen
- Vermögensanfallsberechtigung
- Gremienbesetzung / Anpassung der Statuten
- Übertragung von Immobilien
- Wirtschaftliche Situation
- Konsolidierung der Provinzen
- Praktische Umsetzung der Beschlüsse und Verträge

15. Zusammenfassung

Im Rahmen des Zusammenschlusses von kirchenrechtlichen Provinzen und deren zivilrechtlichen Rechtsträger sind diverse zusätzliche Fragen neben den Fragen des Kirchenrechts, insbesondere im Bereich des Zivilrechts, des Steuerrechts, des Arbeits- und Zusatzversorgungsrechts zu klären. Die vertiefenden Erörterungen sind insbesondere abhängig von den Einzelfällen, die zwingend mit den beteiligten Finanzämtern, Ministerien und anderen Behörden im Vorfeld einer solchen zivilrechtlichen Vereinigung abzuklären sind.

Im Rahmen des Symposiums der Franziskanischen Forschung e. V. in Münster am 22. Oktober 2010 und auch dieses Beitrages sollte ein erster Überblick über die verschiedenen rechtlichen und steuerrechtlichen Fragestellungen gegeben werden, um den Umfang der notwendigen Vorbereitung und die Unerlässlichkeit von vorherigen Abstimmungen mit Behörden und Finanzämtern aufzuzeigen.

Die Dynamik des Vertrauens

Ansatzpunkte für einen reflektierten Umgang mit Veränderungen

Markus Warode, Stefanie Rosenmüller, Mareike Gerundt

1. Die Abgründe des Vertrauens

Auf dem Piz Palü führt eine berühmte Hochtour über den Pass in der Bernina Bergkette im Grenzgebirge der Alpen zwischen Schweiz und Italien. Drei Rippen ziehen sich am Berg hoch, über deren Grate berühmte Bergrouten hinauf führen. Ein Weg auf Messers Schneide.

Auf der Gratschneide des Bergs seilen sich die Bergsteiger zur Sicherung aneinander an. Angeseilt und mit Steigeisen ausgerüstet steigen sie hoch. Links und rechts sieht man steile Gletscher und wilde Eistürme. Recht unvermittelt hört der Grat auf und geht in eine schmale Passage über, die bei Eis einen gefährlichen Übergang darstellt. Nach den Berichten eines Bergsteigers einer Zweiertour konnten sich die beiden Kletterer auf dem schmalen Grat nur so sichern, dass sie sich gegenseitig aneinanderseilten und hintereinander vorwärts stapften. Ausgemacht war: Im Fall des Abrutschens nach rechts ruft der eine dem anderen zu: „Spring links!" und umgekehrt.

Das ist nicht gerade ohne Risiko: Was passiert, wenn der eine sich irrt im Schreck, und ‚falsch' ansagt? Was, wenn der andere sich irrt, und zur falschen Seite springt? Was, wenn ihn der Mut verlässt und er zu zaghaft springt, um den Ruck auszugleichen? Und doch würde man über diesen Berg nicht kommen ohne den Einsatz von rigorosem Vertrauen. Zusammen oder gar nicht schafft man es, ein Drittes gibt es hier nicht.

2. Vertrauen managen: Konzept zur Gestaltung von Veränderungen?

Das Beispiel vom Bergsteigen ist extrem, macht aber einiges anschaulich, was durchaus typisch für alle Vertrauensverhältnisse ist. Beschäftigt man sich näher mit dem Phänomen des Vertrauens, dann fallen seine Paradoxien auf: Vertrauen soll gegenseitig sein, setzt aber voraus, dass beide Beteiligte unabhängig voneinander einen Vertrauens*vorschuss* geben.[1] Vertrauen soll verlässlich und berechenbar sein, ist aber nur echt, wenn es ganz freiwillig ist und bleibt. So kann es Risiken mindern, bleibt aber selbst riskant. Manchmal geht es sogar um das radikale Risiko des blinden Vertrauens – wie bei der Bergtour. Der vorausgehende Kletterer kann, (wie auch der andere) nicht wissen, ob der Hintermann sich irrt, oder ob er ihn gar täuscht – er muss sofort springen, um beide zu retten.

Doch wachsende Unsicherheiten sind gerade in kirchlichen Organisationen, die verstärkt von gesellschaftlichen Veränderungsprozessen betroffen werden, an der Tagesordnung. Anlässlich von demografischem Wandel und fortschreitender Säkularisierung geraten Kirche und Orden unter steigenden Veränderungsdruck und suchen zugleich nach Stabilisierungs- und Zukunftskonzepten, um möglichst sicher über steinige Wege, felsige Klippen und ‚über den Berg' zu kommen. Um auf die sinkende Anzahl von Ordens- und Kirchenmitgliedern in Westeuropa bei gleichzeitig internationalem Wachstum zu reagieren, sind Fusionen, Schließungen von Kirchen und Klöstern sowie Neustrukturierungen der Gemeinden und Ordensprovinzen mögliche Strategien. Kirchliche Organisationen müssen sich zunehmend auf schnelle Veränderungsfähigkeit in dynamischen Umwelten einstellen. Auf dem schmalen Grat des Übergangs in eine neue Struktur bläst ihnen ein rauer Wind entgegen. Denn Vertrauen ist gerade in christlichen Organisationen eine wichtige soziale Ressource. Doch gerät diese Ressource aufgrund der aktuellen Fusionen und Veränderungen in Gefahr. Strukturelle, wirtschaftliche und rechtliche Bedingungen von Veränderungen müssen möglichst langfristig geplant und verständlich gemacht werden, um die beteiligten Menschen in den Prozess einzubeziehen. Damit die konkreten Instrumente des Veränderungs- oder Change-Managements die Identität der Orden und Kirchengemeinden nicht gefährden, ist es nötig, ihr Selbstverständnis, die innere Ausrichtung und ihre langjährig gelebte Spiritualität immer mit zu adressieren. Veränderungen müssen an den theologischen Anspruch rückgebunden und an ihm gemessen werden, soll das Vertrauen in die Gemeinde erhalten und erneuert werden, obwohl lang bestehende Traditionen in Frage gestellt werden. Im Kontext von Veränderungen und praktischen Reorganisationen wird so das Vertrauen im zwischenmenschlichen Bereich zu einem elementaren Faktor für einen nachhaltigen, zukunftsfähigen Prozess. Durch den permanent werdenden Wandel wird auch

---

1   Siehe dazu auch: DIENBERG, Thomas (et al.): Spiritualität als Basis von Vertrauen. Theologisch-philosophische Grundlegung. In: KRIEGESMANN, Bernd (Hg.): Vertrauensorientiertes Change-management. Gestaltungsideen für nachhaltigen Wandel in Organisationen. Bochum 2013 (Innovation: Forschung und Management, 29) 47–77.

die Identifikation und das Vertrauen in die Organisation Kirche unterhöhlt.[2] Die Vertrauenserosion bedroht so auch die Funktion der Kirche. Das Vertrauen, das die Grundlage aller interpersonalen Beziehungen und Interaktionen darstellt, ist gerade in Umbruchzeiten besonders gefährdet, weil sichere Routinen aufgegeben werden müssen. Dieses Vertrauen darf nicht ‚blind' sein, es muss aber verlässlich sein, damit es eine tragende Funktion auf dem Weg über den eisigen Pass der Reorganisation erfüllen kann. Vertrauen wirkt also in Organisationen als Elementarprinzip sozialer Systeme, kann komplexe Organisationsstrukturen und vertragliche Kontrollen stark reduzieren,[3] bleibt aber in sich selbst ein komplexes Phänomen.

Die Erkenntnis dieser ‚Dynamik des Vertrauens' ist wichtig für sich wandelnde Organisationen. Um seine Stabilisierungsfunktion zu nutzen, brauchen sie die „verpflichtende Wirkung"[4] eines ‚echten' Vertrauens, das nicht strategisch ist und das sich sofort verflüchtigt, sobald reines Kalkül und verdeckte Eigeninteressen enttarnt werden. Selbst rein strategische und ökonomische Beziehungen profitieren vom Vertrauen und müssen sich darauf verlassen können, ohne es aber selbst hervorrufen oder stärken zu können. Wie also kann man das Dilemma des Vertrauens wenden und seine Paradoxien nutzen? Kann es gelingen, die „asymmetrische Struktur" des Vertrauens als stabilisierende Funktion des Vertrauens in Veränderungsprozessen zu nutzen?

In dem vorliegenden Beitrag soll daher die Entstehung von Vertrauen aus theologisch-philosophischer Perspektive diskutiert werden. Eingebettet in gesellschaftliche und organisationale Rahmenbedingungen gilt es, das Gottesvertrauen bzw. den Gottesbezug in den Mittelpunkt zu stellen, wodurch die Situation der Kirche und Orden besonders angesprochen wird. Ein besonderer Blick wird zudem auf die bereits angesprochenen Paradoxien gelegt, mit denen die Basis für die menschliche Verantwortung freigelegt wird, sodass die eigentlichen menschlichen Entscheidungsmöglichkeiten in den Vordergrund treten und sichtbar werden können. Mit der Freilegung einer ‚Dynamik' des Vertrauens wird deshalb versucht, die

---

2 Vgl. von Giesen, Rut: Ökonomie der Kirche? Zum Verhältnis von theologischer und betriebswirtschaftlicher Rationalität in praktisch-theologischer Perspektive. Stuttgart 2009, 13.

3 Schweer, Martin K. W. / Thies, Barbara: Vertrauen als Organisationsprinzip. Perspektiven für komplexe soziale Systeme. Bern 2003; Luhmann, Niklas: Vertrauen. Ein Mechanismus der Reduktion sozialer Komplexität. Stuttgart 2000, 38.

4 Ripperger, Tanja: Vertrauen im institutionellen Rahmen. In: Handbuch der Wirtschaftsethik, Band 3: Ethik des wirtschaftlichen Handelns, hg. v. Wilhelm Korff (et al.) i.A.d. Görres Gesellschaft. Berlin 2009, 68–98, 70.

Handlungsoptionen des Einzelnen zu beschreiben und auf konkrete Optionen im Kontext von Veränderungen hinzuleiten.

Die Notwendigkeit ganzheitlicher Interventionsansätze für einen erfolgreichen Wandel ist vor dem Hintergrund der Erfahrungen aus den Veränderungsprozessen von Kirche und Orden offensichtlich. Die Gestaltung und Bereitschaft zu Vertrauen kann eine entscheidende Rolle einnehmen, wenn es darum geht, sich auf Risiken von Veränderungsprozessen einzulassen und diese nachhaltig in praktischen Prozessen zu gestalten bzw. zu managen.

Der Beitrag stellt ein Teilergebnis aus dem vom Bundesministerium für Bildung und Forschung und den Europäischen Sozialfonds geförderten Drittmittelprojekt **„InVest – Ve**rtrauensmanagement als **st**abilisierender Faktor bei organisatorischen **In**novationen", welches durch das Institut für Kirche, Management und Spiritualität bearbeitet wurde, vor.

3. Paradoxien des Vertrauens

Die oben skizzierte ambivalente Struktur des Vertrauens, nach der Vertrauen freiwillig, aber doch bindend ist, wird im Kontext von Organisationen noch komplexer vorzufinden sein, als zu zweit ‚am Berg'. Es werden aber vor allem drei typische ‚Paradoxien des Vertrauens' aufgeführt,[5] die sich durchaus mit der Metapher der Bergtour verdeutlichen lassen.

- **Das Paradoxon der Investition**: Vertrauen ist ein wertvolles soziales Kapital, in das man investieren kann, aber es lässt sich nur begrenzt planen. Man kann dies auch ‚das Vertrauensparadoxon des Nutzens' in Organisationen nennen und mit einer Bergtour in Beziehung setzen: Ausrüstung, Mühen und Aufwand einer Klettertour sind teuer und aufreibend, zu gewinnen ist aber der ‚Sturm auf den Gipfel' mit der weiten Aussicht vom höchsten Punkt sowie ein grandioses Panorama unterwegs. Ob aber beide Kletterer den Weg zusammen durchhalten und auch das

---

5 Florian, Michael: Paradoxien des Vertrauensmanagements. Risiken und Chancen einer widerspenstigen immateriellen Ressource. In: Personalführung 2 (2013) 40–47, 45.

Wetter mitspielt, wird sich erst unterwegs herausstellen. Sie werden ihre Pläne unterwegs ganz nach Wetterlage und Körperverfassung ändern müssen. Es kann schief gehen. Aber allein brauchen sie es gar nicht zu versuchen.

- **Das Paradoxon der Kontrolle**: Vertrauen darf nicht blind sein, sondern muss verlässlich sein, aber verordnen kann man es nicht.[6] Die alpinen Bergsteiger klettern hoch und müssen sich gegenseitig rigoroses Vertrauen abfordern, doch die einzige Kontrolle und Sicherung, die sie dabei haben, ist das gemeinsame Halteseil und die schlimmste Strafe für das Versagen wäre die des eigenen Gewissens: „Wenn ich den anderen fallen lasse, dann fällt er wirklich." So besteht die beste Kontrolle des Vertrauens in der Kenntnis seiner selbst und der eigenen Grenzen.

- **Das Paradoxon der Intervention**: Vertrauen ist freiwillig, aber kann man es auch wirklich gestalten und lenken? Ein Vertrauens*management* macht das Verhältnis zwischen Personen zum Instrument. Doch ist das überhaupt möglich? Wenn ja, würde es das Vertrauen nicht sofort zerstören?[7] Auch kann durchaus bezweifelt werden, ob das Vertrauen willensgelenkt ist. Natürlich muss der Vordermann dem anderen Kletterer vertrauen. Aber sind es im Ernstfall nicht eher Reflexe, die entscheiden? Oder kann der Kletterer dies auch willentlich gestalten? Man muss sich auf das Wort des anderen und sich selbst verlassen können. Und doch kann jeder nur die Bereitschaft zum Vertrauen signalisieren. Eine vollständige Herrschaft über sich selbst und den

---

6 Osterloh, Margit / Weibel, Antoinette: Investition Vertrauen. Prozesse der Vertrauensentwicklung in Organisationen. Wiesbaden 2006.
7 Eberl, Peter: Vertrauen oder Kontrolle im Unternehmen? In: Kahle, Egbert (Hg.): Organisatorische Veränderung und Corporate Governance. Wiesbaden 2002, 193–224; Eberl, Peter: Vertrauen und Management. Studien zu einer theoretischen Fundierung des Vertrauenskonstruktes in der Managementlehre. Stuttgart 2003.

anderen gibt es nicht. Vertrauen ist eine Einstellung,[8] und
kein Gesetz der Vernunft oder des Willens.

Mit diesen Paradoxien führt uns das Vertrauen in die Falle: Sicher ist es unausweichlich notwendig und doch führt es zu unausweichlichen Dilemmata. Doch die These, die hier vertreten wird, ist eine andere: Die Paradoxien sind keine Bremse, sondern der Motor des Vertrauens! Vertrauen ist paradox – aber gerade dadurch dynamisch. Das Risikobewusstsein ‚ermöglicht‘ erst den rettenden Sprung und den Schritt nach vorne. Deshalb lässt sich das Dilemma wenden, und das Risiko wird zum Handlungsspielraum.

4. Theologische Begründung der Vertrauensentstehung

Mit der „dialogischen philosophischen Theologie"[9] lässt sich der Vertrauensbezug, der unter Menschen gegenseitig und symmetrisch ist, im asymmetrischen Dialog mit Gott, bzw. mit dem Unverfügbaren begründen. So lässt sich erklären, warum die gegenseitige Beziehung des Vertrauens unter Menschen stets ein konstitutives asymmetrisches Moment des Vorschusses und Geschenks, nämlich den stets notwendigen ‚Vertrauensbonus‘ enthält.

Bei näherem Hinsehen ergibt sich dann, dass die paradoxe Struktur gar nicht das Problem, sondern der ‚Clou‘ des Vertrauens ist. Denn durch Vertrauen wird das Gegenseitigkeitsverhältnis von Menschen, sei es von Vertragspartnern, KollegInnen, Familienmitgliedern gerade hergestellt, weil es *asymmetrisch* verankert ist. Diese Vermutung spricht für eine theologische Begründung der Vertrauensentstehung,[10] weil der Bezug zu Gott *von vorn herein* als asymmetrisch definiert ist. Die theologische Annahme ist dabei, dass das Vertrauen unter Menschen notwendigerweise eine Unverfügbarkeitsstruktur enthält und im asymmetrischen Bezug zum „Unverfügbaren" (Karl Barth)[11] begründet werden kann. Dessen Struktur des ‚Bonus gebens‘

---

8   Hartmann, Martin: Die Praxis des Vertrauens. Stuttgart 2011, 238.

9   Poláková, Jolana: Betroffen von Dir. Reflexionen über die dialogische Gotteserfahrung. München 2004, 59.

10   Zum „unbegründbaren Grund" des Vertrauens vgl. Welz, Claudia: Vertrauen und Versuchung. Tübingen 2010, 109–115.

11   Das ‚Unverfügbare‘ nach Karl Barth als Chiffre für Gott wird im Folgenden synonym mit dem Unverfügbaren verwendet. Während der Bezug zu einem personalen Gott eine christliche

und ‚Risiko eingehen' lässt sich aber durchaus bis in die ganz praktischen Fragen organisationalen Handelns und Entscheidens nachzeichnen, wo Informationen und Macht oft asymmetrisch verteilt sind, Investitionen mit offener Zukunftsorientierung getätigt werden müssen, oder Leistung und Gegenleistung zeitlich auseinanderfallen.[12] Immer dann ist Vertrauen nötig. Die theologische Verankerung des Vertrauens verweist auf das Gottvertrauen. Die Begründungsthese lautet: Gottvertrauen ermöglicht Vertrauen unter Menschen, weil dieser Bezug zu Gott, bzw. zu einem Unverfügbaren, genau die Spannung zwischen *gleichzeitiger Unverfügbarkeit und sicherer Verlässlichkeit* aufweist, die auch menschliches Vertrauen notwendigerweise ausmacht. Das Unverfügbare kann als personaler Gott erlebt und verstanden werden. Doch auch nicht-religiöse Menschen können eine Vorstellung des Unverfügbaren, sei es als Zufall oder Schicksal, haben. Um diesen ‚Clou' des Vertrauens zu erläutern, wird nun das asymmetrische Vertrauen im Gottesbund vorgestellt, um dann zu verfolgen, inwiefern auch das symmetrische Vertrauen unter Menschen dadurch geprägt ist.

5. Absolutes Vertrauen im Gottesbund

Die Beziehung zu Gott hat „mit Schleiermacher gesprochen – den Charakter der *schlechthinnigen Abhängigkeit*".[13] Weil Gott kein partnerschaftliches ‚Gegenüber' darstelle, wurde das Gegenseitigkeitsverhältnis des Gottesbundes in der Theologie[14] der 1960er Jahre in Frage gestellt, sodass möglicherweise nicht von ‚Bund', sondern allenfalls von ‚Treue' gesprochen werden müsste. Gott verpflichtet sich aber freiwillig,[15]

Haltung explizit voraussetzt, ist der Bezug zum Unverfügbaren auch im Kontext säkularer Weltanschauung erfahrbar. BARTH, Karl: Das Wort Gottes und die Theologie. Gesammelte Aufsätze. München 1924. Vgl. auch HÄRLE, Wilfried: Rudolf Bultmanns Theologie der *Unverfügbarkeit*. In: LANDMESSER, Christof / KLEIN, Andreas (Hg.): Rudolf Bultmann (1884–1976) – Theologe der Gegenwart. Neukirchen 2010, 69–86.

12 Im Grundlagenprojekt des IKMS „Operationalisierung von Spiritualität in organisationale Management-Prozesse" sowie im Forschungsprojekt InVest wird dieser Intuition genauer nachgegangen, siehe Kapitel 2.2: „Spiritualität als Basis von Vertrauen. Theologisch-philosophische Grundlegung". In: Vertrauensorientiertes Changemanagement. Gestaltungsideen für nachhaltigen Wandel in Organisationen. Bochum 2013, 47–77.

13 HÄRLE, Wilfried: Spurensuche nach Gott. Studien zur Fundamentaltheologie. Berlin u. a. 2008, 313, mit Verweis auf Friedrich Schleiermacher: Der christliche Glaube 1830/31, § 4.

14 MÜHLEN, Heribert: Kirche wächst von innen. Paderborn 1996, 107f.

15 Man kann das hebräische Wort ‚berit' jedoch mit ‚Selbstverpflichtung' übersetzen, deren Erfüllung Gott von bestimmten Bedingungen abhängig macht. MÜHLEN, Kirche (wie Anm.

und weil dieses Angebot auch der ebenso freiwilligen Annahme bedarf, macht dies den Menschen zum freien Gegenüber, der mit der ‚Umkehr' antworten kann. Dieser Gegenüber ist souverän und handelt freiwillig, er hat Selbstvertrauen. Insofern ist das Antwortgeschehen „keineswegs einbahnig"[16], sondern dialogisch.

Im Vertrauensverhältnis im Gottesbund bestehen zwei konträre Facetten von absoluter Treue und Vertrauen. Es besteht erstens ein Absolutheitsanspruch, im Sinne von Unbegrenztheit, Grenzenlosigkeit und Bedingungslosigkeit der Forderung. Denn Gott fordert absolutes, unbedingtes Vertrauen. Man denke an das biblische Beispiel der (Beinahe-) Opferung des Isaak durch Abraham als das Extrembeispiel für absolutes Vertrauen.[17] Ebenso steht die Lebensform des heiligen Ordensgründers Franz von Assisi für ein radikales Vertrauen. Franz von Assisi artikuliert sein absolutes Vertrauen zum Schöpfer im Sonnengesang, obwohl ihn schwere Krankheit, Depression und Fast-Blindheit quälen.[18] In der spirituellen Haltung des Gottvertrauens wird dieser Forderungscharakter des Gottesbundes als dauernder Ruf, als „Anruf" bzw. als „Forderung nach einer Lebenshaltung"[19] praktisch erfahrbar.

Dem steht zweitens der Geschenkcharakter der Gnade gegenüber: Gott ist gnädig, ohne dass der Anspruch auf absolutes Vertrauen aufgegeben wäre. Der neutestamentarische Gott ist nicht „Richter", sondern „Retter", der sich in der Person Jesu von Nazareth mit den Menschen „solidarisiert" und sich so auf die Seite seines „geschöpflichen Gegenübers begibt", um den Menschen „menschlich anreden zu können".[20] Diese göttliche Bezugnahme bleibt bestehen, auch wenn der Mensch ihr widerspricht oder sich abwendet; sie ist deshalb ursprünglich für den Bezug beider und als Gnade und Liebe inhaltlich bestimmt.[21]

---

14) 107f., (mit weiteren Nachweisen) Anm. 77.

16   Ebd. 108f., 110.

17   Vgl. Gen 22.

18   Franziskus von Assisi, Sonnengesang [=Sonn]. In: BERG, Dieter / LEHMANN, Leonhard (Hg.): Franziskus-Quellen. Die Schriften des heiligen Franziskus. Lebensbeschreibungen, Chroniken und Zeugnisse über ihn und seinen Orden. Kevelaer 2009 (Zeugnisse des 13. und 14. Jahrhunderts zur Franziskanischen Bewegung, 1) [im Folgenden zitiert als FQ] 40f.

19   FRALING, Bernhard: „Überlegungen zum Begriff der Spiritualität". In: Arbeitsgemeinschaft Theologie der Spiritualität (Hg.): ‚Lasst euch vom Geist erfüllen!' (Eph 5,18) – Beiträge zur Theologie der Spiritualität. Münster 2001, 6–30, 27.

20   DAHLFERT, Ingolf / JÜNGEL, Eberhard: „Person und Gottesebenbildlichkeit". In: Christlicher Glaube in moderner Gesellschaft, Teilband 24. Freiburg / Br. 1981, 58–99, 78.

21   Ebd. 78f. Die Struktur der Gnade wird im Forschungsprojekt InVest (WeVest) knapp erläutert, siehe Kapitel 2.2: „Spiritualität als Basis von Vertrauen. Theologisch-philosophische Grundlegung" (wie Anm. 1).

5.1. Elemente des Vertrauens

Auf Basis der oben dargestellten Inhalte lassen sich zwei Aspekte des Gottesbezugs festhalten, die mit der Asymmetrie des Vertrauens in Verbindung stehen: der Aspekt des *asymmetrischen Gegenübers* und der schubhaften Vertrauens*dynamik*.

In diesem Kontext lassen sich zur genaueren Bestimmung von Vertrauen drei zentrale Aspekte heranziehen, die für die Gestaltung von Vertrauen berücksichtigt werden müssen.

5.1.1. Vertrauen als Widerfahrnis – Vertrauen als Prozess

Der Bezug zu Gott, dem Allmächtigen, Unerreichbaren und Unverfügbaren ist *per definitionem* asymmetrisch. Dieser Gegenüber ist immer übermächtig, aber als Schöpfer kümmert er sich auch darum, dass der Mensch zum Gegenüber *wird*. Er stellt die Symmetrie und ein gegenseitiges Vertrauen her. Auch in einer nicht-religiösen Betrachtung sind diese beiden Aspekte nachvollziehbar. Das Vertrauen hat zum einen ‚Widerfahrnis‘charakter, es wird nicht ‚in mir‘ produziert, sondern in mir erfahren. Das Vertrauen wird zum anderen zwar auch als statischer Zustand erfahren, aber sein Prozesscharakter hat Auswirkungen auf diese Erfahrung. Vertrauen ist auf eine positive Zukunft *hin* ausgelegt, vertraut wird bei religiöser Betrachtung darauf, dass der Mensch zu dem *werden wird*, was Gott schon in ihm angelegt hat. Diese Zuversicht kennen auch nicht religiöse Menschen, die auf einen positiven Entwicklungsprozess setzen.

5.1.2. Bereitschaft zum Dialog und zu Überraschungen

Was folgt daraus für die Praxis und die Handlungsmöglichkeiten? Aus dieser allgemeinen Struktur des Vertrauens folgt: ‚Tun‘ im engeren Sinn kann die einzelne Person nichts dafür, dass Gegenseitigkeit entsteht, das muss sie der dritten Instanz, dem Unverfügbaren überlassen. Aber sie kann sich auf die Asymmetrie ‚einstellen‘ und einen anderen Modus von Aktivität pflegen. Denn erst die Bereitschaft zum Dialog statt der bloßen Willenslenkung oder Durchsetzung eröffnet die Dynamik des Vertrauens. Obwohl Gottesbezug und Menschenbezug auseinander gehalten werden müssen, gibt es hier eine Ähnlichkeit: Auch den anderen Menschen kann man nicht zum Vertrauen und zur Antwort *zwingen*. Der Mensch ist nicht ‚wie eine Sache' handhabbar und für Wünsche instrumentalisierbar, sondern ‚unverfügbar' und stets für Überraschungen gut. Mit der Bereitschaft zum Dialog ist deshalb mehr zu erreichen als mit Willenskampf. Das setzt aber voraus, dass das ‚Transzendente', also das ‚bessere' Wesen im Menschen wahrgenommen und vorausgesetzt wird. Theologisch begründet ist das Gegenüber ein Geschöpf Gottes und dadurch vertrauenswürdig.[22] Ethisch wird dies klassischerweise mit dem kategorischen Imperativ Kants begründet, nach dem Personen nie nur Mittel für den Zweck sind, sondern Selbstzweck.[23] Dazu zeigt sich empirisch, dass Menschen die Bereitschaft zum Vertrauen und den asymmetrischen Vorschuss honorieren und dass es sich nicht lohnt, wenn sie misstrauisch behandelt werden oder als bloßes Instrument zur Gewinnmaximierung eingesetzt werden – wir kommen in Kapitel 6.2 dieses Beitrags darauf zurück.

5.1.3. Zuversicht als produktiver Modus

Aus diesem allgemeinen Bezug zum Unverfügbaren ergibt sich eine *paradoxe* Struktur des radikalen Vertrauens, die man produktiv nutzen muss: Der Mensch kann auf Gott setzen, weil er durch die umgreifende und durchbrechende Struktur der Gnade absolutes Vertrauen verbürgt. Dies verbürgt aber *keinerlei Sicherheit*, weil sein Handeln nicht verfügbar ist, d. h. sein Handeln liegt nicht in meiner Hand. Sicherheit und absolutes Vertrauen sind deshalb Gegensatzbegriffe.[24]

22 Der „vertraute Umgang" mit dem Guten als Bejahung steht so der „Grundhaltung" eines zerstörerischen „Misstrauens" gegenüber Schöpfer und Schöpfung, das Kehl als eine Art Kern des Bösen fasst, das sich auch im Bezug zu sich selbst und Anderen niederschlägt, vgl. KEHL, Medard: Und Gott sah, dass es gut war. Eine Theologie der Schöpfung. Freiburg / Br. 2006, 133. Dadurch, dass der Glaube an Gott im Gläubigen Attribute der Vertrauenswürdigkeit verankert, macht er sich des Vertrauens anderer würdig, HARTMANN, Praxis (wie Anm. 8) 362.

23 AA IV, 429 (Zweite Fassung des Kat. Imp.), Immanuel Kant: Ausgabe der Preußischen Akademie der Wissenschaften. Berlin 1900ff.

24 Vgl. zum Vertrauen im Gottesbund auch WELZ, Vertrauen (wie Anm. 10).

> Der Clou, den man aber daraus folgern kann, ist, dass Vertrauen und eine positive Haltung, eine Zuversicht, auch zu allen anderen Unverfügbarkeiten in Dingwelt und Mitwelt, weiter reichen als planerische Sicherheit. Ohne Vertrauen wäre alle Planungssicherheit unmöglich. Umgekehrt kann ein gewachsenes Vertrauen bestehen bleiben, wenn einzelne Planungsschritte geändert werden müssen, oder Planungen scheitern.

5.2. Der Ursprung des Vertrauens im Gottesbund

Die Bereitschaft zum Dialog statt der bloßen Willenslenkung oder Durchsetzung eröffnet erst die Dynamik des Vertrauens. Sie setzt zwei Fähigkeiten voraus: erstens eine grundsätzliche Dialogfähigkeit und zweitens den Wunsch bzw. die Sehnsucht als Motor zur Durchbrechung des Willensmonologs.

5.2.1. Die Dialogfähigkeit aus der Asymmetrie

Nach der „dialogischen philosophischen Theologie"[25] mit Anknüpfungen an die Grundthesen Martin Bubers entsteht aus dem dialogischen Bezug die Beziehungsfähigkeit zu Menschen überhaupt. Der dialogische Bezug ist unvermittelt und nicht instrumentell und entsteht ohne Vorwissen, ohne Begriffe oder Interessen, denn die Beziehung zum Du ist „unmittelbar". Der dialogische Bezug geht deshalb allen anderen Bezügen voraus und hat Gegenseitigkeitscharakter, der sich auf alle anderen Bezüge, zu allen Dingen, zu allen Menschen, übertragen lässt. Er begründet auch erst den echten Selbstbezug. Berühmt ist die Formulierung Bubers: ‚Der Mensch wird am Du zum Ich'. Dieser Vorrang des Dialogs bedeutet, dass sowohl das Selbstverhältnis und das ‚ich' sagen auf die Dialogfähigkeit zurückgeht.[26] Psychologische Studien bestätigen, dass erst im Dialog mit der Bezugsperson das Kind anfängt, ‚ich' zu sagen. Aus dem Vertrauensverhältnis zum Du erwächst auch das Selbstvertrauen.[27]

---

25 POLÁKOVÁ, Reflexionen (wie Anm. 9) 59.

26 „Das Grundwort Ich-Du stiftet die Welt der Beziehung". Auch der vergegenständlichte Bezug, der sich grammatisch in der dritten Person äußert, wird erst durch die Ablösung des Ichs aus dem Dialog möglich. Vgl. BUBER, Martin: Ich und Du. Stuttgart 1995 [1923] 12, 16, 18, 22, 28.

27 Zur klassischen Bindungstheorie nach John Bowlby und Mary Ainsworth vgl. BRETHERTON, Inge: Die Geschichte der Bindungstheorie. In: SPANGLER, Gottfried / ZIMMERMANN, Peter (Hg.):

5.2.2. Sehnsucht als Spur und Motor

Die Asymmetrie des dialogischen Gottesbezugs hat mehrere Aspekte und auch Konsequenzen. Der Dialog mit Gott geht von Gott und seiner „Anziehung" aus, sein Anfang ist damit schon asymmetrisch. Auch sein Ende ist asymmetrisch, denn der Dialog führt den Menschen über die bloße Befriedigung seiner Sehnsucht hinaus zu „etwas, wonach der Mensch sich nicht spontan sehnt. Sie führt ihn immer zu etwas *mehr*".[28] Dies lässt sich nicht nur als ein transzendierendes Moment des Bewusstseins,[29] sondern auch als die Struktur von Handlungen interpretieren. Hannah Arendt hat einen ganz entsprechenden Gedanken mit dem Namen „Gebürtigkeit" bzw. „Natalität" von Augustinus übernommen und auf die Handlungssphäre der Menschen übertragen, weil auch Handlungen ein ‚Überschuss'moment enthalten. Denn der Beginn von menschlichen Handlungen ist grundsätzlich nicht vorhersehbar und auch deren Ende bzw. die Konsequenzen sind unabsehbar wie ein ‚Wunder'.[30] Aus theologischer Sicht stellt dies ein Moment von Unverfügbarkeit in den Menschen dar, das zu individuellen Handlungsweisen und zu kreativen Überraschungen führt.

5.2.2.1. Natürliche Sehnsucht als Motor des Vertrauens

Das Gebet ist „Antriebsmotor und Ausdrucksform der Spiritualität in der Religion". Es drückt die menschliche Sehnsucht „nach Mehr" aus, „eine natürliche Sehnsucht des Menschen nach Gott". Thomas von Aquin beschreibt diese „Grundbefindlichkeit

---

Die Bindungstheorie. Grundlagen, Forschung und Anwendung. Stuttgart 2009, 27.

28 POLÁKOVÁ, Reflexionen (wie Anm. 9) 3, 12, 15.

29 Hier spiegelt sich im erfahrungsgrundlegenden Bezug zum Unverfügbaren ein ‚Überschussaspekt' der menschlichen Erlebnis- und Bewusstseinsstruktur wieder, den der Philosoph und Phänomenologe Edmund Husserl als Struktur des „Mehr-Meinens" beschrieben hat. Dank dieses ‚Überschusses' in den einzelnen Bewusstseinsakten können die Menschen z. B. in der Wahrnehmung trotz der perspektivischen ‚Abschattung' einen Gegenstand als Ganzen wahrnehmen und von einer Perspektive zur nächsten wechseln, aber auch von der Wahrnehmung in die Erinnerung, vgl. HUSSERL, Edmund: Cartesianische Meditationen. Hamburg 1995 und DERS.: Analysen zur Passiven Synthesis: Aus Vorlesungs- und Forschungsmanuskripten 1918–1926, Husserliana Bd. XI. Den Haag 1966.

30 ARENDT, Hannah: Vita activa oder vom tätigen Leben. München – Zürich 2002 [1960].

des Menschen mit dem sogenannten ‚*desiderium naturale*‘ “.[31] Nach Thomas von Aquin ist es die „Ausrichtung eines Seienden auf ein letztes Ziel, letztlich auf die Anschauung Gottes“.[32] Auch der Franziskaner Bonaventura sieht den Menschen als ein Wesen, das „zutiefst geprägt ist von einer fast unhaltbaren Sehnsucht“, die sich „in einer stetig steigenden Bewegung auf Gott hin“ zeigt. Bonaventura möchte in seinem ‚Itinerarium‘ „den Leser zur göttlichen Beschauung“ führen. Die „Sehnsucht nach dem anderen kann die Sehnsucht nach einem Gott implizieren, sie kann einen persönlichen Gott anstreben, sie kann auch rein innerweltlich ihre Ziele finden. Sehnsucht ist die Triebfeder des Lebens, der Religion sowie der Spiritualität, die jeder Religion zugrunde liegt, doch auch ohne Religion existieren kann.“[33] „Konkrete Rahmenbedingungen dabei sind des Menschen eigene Grenzen und seine Endlichkeit, die heute, gerade auch in Hinsicht auf die dynamischen Veränderungen des 21. Jahrhunderts mit vielen Bedrohungen, zunehmend mehr Ängste wecken“.[34]

Mit dem *desiderium naturale* ist der Mensch als „paradoxes Wesen“ bestimmt. Diese Sehnsucht führt zur Öffnung des Selbst zum Unverfügbaren und zur Welt.[35] Das natürliche Verlangen nach Gott ist nämlich paradoxerweise im Menschen angelegt, obwohl er es nicht selbst erfüllen kann. Es stellt in doppelter Weise eine Spur dar: Der Mangel als ‚eine Spur zu wenig‘ der erfüllten Gegenwart weist über den Menschen hinaus. Die Sehnsucht stellt deshalb zugleich eine Spur, einen Weg zur Öffnung dar, zu dem, was außerhalb der eigenen „Verfügungsmacht“ steht. Diese Spur wird modellhaft in Liebe und Freundschaft erfahren. Die Lehre vom *desiderium* geht auf die Eros-Lehre im Symposion Platons zurück und wird von Thomas von Aquin bei Augustinus aufgegriffen und systematisch entfaltet.[36]

Die Sehnsucht hat damit einen Weltbezug als Neigung und Sinnlichkeit behalten, die dem weltabgewandten Willen verloren ging.[37] Die sinnorientierte (und nicht

---

31 Vgl. RAFFELT, Albert: Desiderium naturale. In: KASPAR, Walter (et al.) (Hg.): Lexikon für Theologie und Kirche, Bd. 3. ³1995, 108–110.

32 ENGELHARDT, Paulus: Das „natürliche Verlangen“. Die mittelalterliche Sinnfrage. In: DERS.: Thomas von Aquin. Wegweisungen in sein Werk. Leipzig 2005, 132–166.

33 DIENBERG, Thomas: Die Sehnsucht als Ausgangspunkt der Spiritualität. In: DERS. (et al.) (Hg.): Spiritualität & Management. Berlin 2007, 3–52, 7.

34 Vgl. KEHL, Medard: ‚Sehnsucht‘ – eine Spur zu Gott? In: Geist und Leben 70 (1997) 404–414.

35 Ebd. 406.

36 Ebd. 405f.

37 Erst in der christlichen Tradition wird mit Paulus der Wille als eigenes Vermögen entdeckt, der in der Antike noch fast unbekannt war. Die *prohairesis* als Vorform der Wahl- und Willensfreiheit nimmt bei Aristoteles nur eine vermittelnde Funktion zwischen Begehren und Vernunft ein. Die

mehr nur zweckorientierte) Aktivität bedeutet Anstrengung und Mühe und kann als ein Moment der Askese im Sinne des Erlernens von Fähigkeiten und Tugenden gefasst werden – sie hat aber gar kein Produkt als Ziel, sondern nur ein Prinzip der guten Ausführung. Auch Passivität bedeutet hier nicht einfach sinnloses Nichtstun, sondern die Bereitschaft, Neues und Anderes wahr- und aufzunehmen und dabei im kritisch-freundschaftlichen Dialog mit sich zu stehen.

5.2.2.2. Abwehr oder Öffnung zum Dialog

Der Beginn der dialogischen Gotteserfahrung setzt allerdings typischerweise mit einer vorausgehenden menschlichen „Abwehr" ein.[38] Der Bezug zum Unverfügbaren ist deshalb zwar grundlegend für die menschliche Dialogstruktur, aber er ist der Erfahrung nicht ohne weiteres zugänglich, er ist typischerweise im Alltag verborgen und oft nur implizit, als Leere erfahrbar.

Willenskonzeption als Wahlfreiheit entfaltet sich erst bei Augustinus voll und gerät in Kampf mit sich selbst. Dabei wird laut Hannah Arendt der Weltbezug schrittweise verabschiedet, vgl. ARENDT, Hannah: Vom Leben des Geistes, Bd. 2, Das Wollen. München 1979, 19, 21f. Mit der Sehnsucht ist ein möglicher Ausweg konzipiert, der verfolgenswert wäre.

38 POLÁKOVÁ, Reflexionen (wie Anm. 9) 10. Ein weiterer „Ausdruck" der „Asymmetrie" (ebd. 30) ist die „Verborgenheit" Gottes, die zunächst wie eine „Scheidewand" (ebd.) zwischen Mensch und Gott wirkt. Diese Verborgenheit bewirkt beim Menschen eine „tiefe Unsicherheit", die nur durch Vertrauen und „dialogisches Suchen" (ebd. 126) überwunden werden kann. Die Anziehung erfolgt deshalb zunächst durch die „Verunsicherung" und ein Gefühl der „Leere" und rüttelt den Menschen auf, wie ein „Schütteln" (ebd. 3). Trotzdem ist der Mensch – bei aller Asymmetrie – im Dialog zum Unverfügbaren, wie auch in seinen Handlungen frei, die Durchbrechung des Monologs und die Dialogeröffnung geschehen nicht gewalttätig, sondern haben Angebots- und Geschenkcharakter. Darin manifestiert sich die Achtung Gottes vor der Freiheit des Menschen, der sich an Gott „erinnern" kann, aber nicht muss (ebd. 3), dessen verborgene anfängliche Anziehung ist insofern „anonym" (ebd.), und solange es beim vordialogischen „Nachdenken über Gott" bleibt, respektiert Gott diese Wahl und „schweigt dialogisch" (ebd. 11).
Erst in der personalen Begegnung bleibt Gott zwar „unberührbar", ist aber zugleich „wehrlos" und lehrt so den Menschen den „einfühlsamen Dialog", wenn sich der Mensch von der Verborgenheit herausfordern lässt und in der „dialogischen Offenheit" hält. Die Herausforderung liegt darin, dass die Anziehung als „respektvoller Imperativ" und die Verborgenheit als Frage erlebt wird: „Willst Du wirklich wissen wer ich bin?". Als deren menschliche Antwort müssen alle Bedingungen, Erwartungen und Relativierungen beiseite geschoben werden (ebd. 16–19).

Diese Perspektive beschreibt die Gotteserfahrung auf der Ebene des alltäglichen Zugangs bzw. dessen Schwierigkeit. Denn diese Ebene ist oft ‚tunnelartig‘ durch Pläne, vermeintliche oder tatsächliche Zweckbestimmungen und Willensinteressen bestimmt. Diese Perspektive wird umgelenkt in einen inneren Dialog, wenn das Gefühl der Leere sich in eine Frage nach Lebenssinn und die Suche nach sinngebenden Antworten verwandelt, oder wenn durch plötzliche Ereignisse der scheinbar sichere Lebensplan einbricht. Der monologische Zugang kann sich dann „umkehren zu einem von Gott dialogisch initiierten Weg zur Welt und zu uns selbst"[39]. Erst, wenn die „monologische Willkür"[40] still wird und durchbrochen ist, kann sie ersetzt werden und der Mensch sich seiner Dialogfähigkeit und „dialogischen Identität"[41] bewusst werden. Diese Umkehr stellt sodann alle nachfolgenden Handlungsentscheidungen auf eine andere Basis, die des inneren Dialogs und führt so zu einem höheren Ver-*antwort*ungsbewusstsein.[42] Man kann sich zwar von diesem Dialog und dem ‚Ruf nach Antwort‘ auch wieder abwenden, aber vermutlich wird er sich in Form einer ‚Unruhe‘ und „Unsicherheit"[43] melden. Eine ganz klassische Berufungsgeschichte ist die des Moses‘, der mitten aus dem Alltag gerissen wird und sich von Gott angerufen sieht (Ex 3,1–14). Aber auch in der gegenwärtigen Welt, der heutigen Arbeitswelt und dem karriereorientierten Organisationsalltag kann dieses Erlebnis eintreten. Eine ehemalige Geschäftsführerin eines mittelständischen Familienunternehmens berichtet von einer Reiselektüre, die diese Anziehung und Öffnung bzw. ein Umkehrerlebnis bei ihr hervorrief: „Dieser sehr persönliche Reisebericht […] ist voller Schönheit und Klugheit. Er begeisterte mich und wühlte mich auch auf. Nach der Lektüre stand für mich fest, dass ich diesen Weg gehen würde. […] [D]as, was der Weg in ihr [der Autorin] auslöste und wie sie es beschrieb, brachten in mir Empfindungen zum Klingen, die mich zum einen sehr verunsicherten, zum anderen aber etwas in mir freisetzten. Mich hatte die Sehnsucht gepackt."[44]

Der Dialog bewirkt so eine Öffnung und eine „Neuschaffung" des Menschen. In der „dialogisch antwortenden Haltung des Menschen" auf die Herausforderung des

---

39   Poláková, Reflexionen (wie Anm. 9) 14.

40   Ebd. 17, 16, 14.

41   Ebd. 19.

42   Weiter dazu vgl. Holderegger, Adrian: Verantwortung. In: Wils, Jean-Pierre / Mieth, Dietmar (Hg.): Grundbegriffe der christlichen Ethik. Paderborn u. a. 1992, 199–208.

43   Poláková, Reflexionen (wie Anm. 9) 29.

44   Dankbar, Sabine: Karriere oder Jakobsweg? Wegezeit – Wendezeit. Mein Weg nach Santiago de Compostela. Dülmen 2009.

Unverfügbaren liegt eine „Ernsthaftigkeit", die „vielleicht nur in der Konfrontation mit dem Tod aktiviert wird". Der eröffnete Dialog mit Gott hat deshalb zugleich Durchbrechungs-, Befreiungs-, und Schöpfungscharakter. Der „Einfall der Fremdheit" wirkt radikal befreiend wie eine „Sprengladung" und er lädt dabei zu einem schöpferischen unendlichen Dialog ein.[45]

6. Komparatives Vertrauen.
Auch Vertrauen unter Menschen wächst asymmetrisch – Blick in die Praxis

Gottvertrauen kann nicht mit dem Vertrauen unter Menschen gleichgesetzt werden, aber es enthält aus theologischer Sicht fast dieselben Elemente,[46] die oben mit den zwei Aspekten des *asymmetrischen Gegenübers* und der schubhaften Vertrauens*dynamik* dargestellt wurden, um den Widerfahrnischarakter und den Prozesscharakter des Vertrauens zu beschreiben (s.o. Abschnitt 5.1): Die Asymmetrie der *göttlichen Übermacht* und die asymmetrische, *schubhafte Dynamik* des Vertrauens. Als geschöpfliche Gegenüber sind die anderen Menschen nicht *übermächtig*, wenn sie auch unverfügbar sind und überraschend handeln. Deshalb tritt das Vertrauen meist nicht so radikal auf wie im Gottesbund, sondern moderater, und es braucht dabei vertragliche und symbolische Absicherungen. Aber auch dieser moderate oder gemäßigte Vertrauensprozess verläuft, so die hier vertretene These, nicht kontinuierlich und gemäßigt, sondern *asymmetrisch*, in Schüben oder Sprüngen, in denen jeweils der ‚Abgrund' des radikalen Vertrauens aufscheint und erfahrbar ist. Dieser ‚Abgrund' ist zwar erschreckend, weil die Zukunft nur zum Teil geplant werden kann und das Risiko des Scheiterns stets möglich ist. In ihm zeigt sich aber auch die Offenheit der Zukunft, die mit der Freiheit der handelnden Menschen zu tun hat.

6.1. Das Vertrauen des Franz von Assisi

Zuweilen gibt es auch Ausnahmen, in denen das Vertrauen im Handeln unter Menschen sich nicht nur moderat und schubweise wachsend entwickelt, sondern ganz

---

45 POLÁKOVÁ, Reflexionen (wie Anm. 9) 12f.
46 Weiterführend dazu WELZ, Vertrauen (wie Anm. 10) 25, 70–115.

radikal auftritt. Der heilige Ordensgründer Franz von Assisi wurde oben bereits als ein radikaler Vertreter des Gottvertrauens mit dem Sonnengesang genannt. Er artikuliert sein absolutes Vertrauen aber auch im Umgang mit anderen Menschen. Unbedingtes Gottvertrauen – und daraus geschöpftes, erhebliches Selbstvertrauen und Vertrauen in die Menschen – ist schließlich nötig, um, wie Franziskus in den Kreuzzügen, völlig waffenlos durch die Streitkräfte des Kriegsgebiets zum Sultan zu marschieren und sich für den Frieden unter den Feinden einzusetzen.[47] Franziskus versinnbildlicht zudem in seinem Vertrauen auf Gott auch das ‚franziskanische‘ Paradoxon des Gehorsams, der stets die Lebendigkeit und Authentizität des Glaubens der Stabilität der Institution vorzieht. Franziskus hat als junger Mann die Stimme mit dem Ruf gehört: „Baue meine Kirche wieder auf!“[48] und leitete schließlich eine grundlegende Reform ein. Franz von Assisi wendete sich dabei nicht *gegen* die Kirche, er blieb der Kurie gegenüber immer gehorsam, während das von ihm vertretene radikale Armutsgebot die praktischen Handlungsformen der Kirche infrage stellte.[49] Franziskus steht demnach für den unbedingten personalen Bezug der Gläubigen ein, nicht für die institutionelle Form.[50] Er stellte aber, rückblickend gesehen, als ‚gehorsamer Rebell‘ die Kirche auf einen neuen Boden. Im Hintergrund stand offensichtlich kein blinder Radikalismus, sondern eher ein ‚personaler‘ Gehorsam. Dies zeigt, dass das Gottvertrauen bei Franziskus eine große Kraft zur Veränderung entfaltete.

Die hier vertretene Position fußt darauf und sagt: Je stärker jemand an Gott und die Menschen glauben und vertrauen kann, desto mehr innere Kräfte hat er als Ressourcen zur Verfügung. Vertrauen wächst deshalb wie der Mut, nicht per Beschluss allein, sondern meistens in Schüben und in Schritten.[51] Denn der Zeitablauf allein vertieft das Vertrauen nicht. Man könnte vermuten, bei Symmetrie der Interaktio-

---

47   Vgl. 1 C 57, 5-10. In: FQ 233f.

48   Vgl. Gef 13, 7. In: FQ 619: „Franziskus, siehst du nicht, dass mein Haus in Verfall gerät? Geh also hin und stelle es mir wieder her!“

49   Vgl. HEIMANN, Heinz-Dieter (et al.): Gelobte Armut: Armutskonzepte der franziskanischen Ordensfamilie zwischen Ideal und Wirklichkeit vom Mittelalter bis in die Gegenwart, Sektion II: Armut als Ärgernis und Herausforderung. Paderborn u. a. 2012, 35–240.

50   Beim entscheidenden Schritt der Ordens-Institutionalisierung verlässt er die Ordensführung und zieht sich zurück. Zuerst erwähnt in der zweiten Lebensbeschreibung des Thomas von Celano, 2 C 143. In: FQ 377f.

51   Schon nach Petermanns psychologischem Ansatz entsteht Vertrauen in drei Phasen, einer ersten Herstellungsphase, einer zweiten Abbauphase von Bedrohungen und schließlich einem gezieltem vertrauensauslösenden Handlungseinsatz, vgl. PETERMANN, Franz: Psychologie des Vertrauens. Göttingen 1996, 116.

nen entstehe notwendig ein Vertrauen, bzw. ein bestehendes Vertrauen vertiefe sich dadurch. Das ist zwar oft der Fall, aber es besteht keine notwendige Entwicklung.[52] Überraschenderweise kann man die These eher umgekehrt aufstellen und dafür finden sich starke Indizien: Vertrauen stellt Symmetrie her, nicht umgekehrt, und der Vertrauensvorschuss schafft mehr Stabilität als Sanktionen.

6.2. Vertrauen wird mehr honoriert als Misstrauen: Eine Studie

Für diese These spricht insbesondere eine Studie von Fehr und Rockenbach aus dem Jahre 2003, nach der Vertrauen mehr honoriert wird als Vertragssicherheit.[53] Sie widerspricht der Grundannahme aus der Verhaltensforschung, nach der der Mensch immer mit Blick auf die eigene Interessensoptimierung handelt. Nach der Studie der beiden Wirtschaftswissenschaftler Fehr und Rockenbach werden aber gerade Vertrauen und Großzügigkeit belohnt und führen zu Gegenseitigkeit, während Misstrauen und die Androhung von Sanktionen zu interessengeleitetem Handeln führen.

Die Studie wandelte das spieltheoretische *Gefangenen-Dilemma* zweier gemeinschaftlicher Verbrecher ab, bei dem eine Kronzeugenregelung ohne Möglichkeiten zur Absprache besteht und kooperatives Verhalten (beide schweigen hartnäckig) einen Gewinn, die vorzeitige Strafentlassung beider nach zwei Jahren, erbringt.

---

52 Schweer / Thies beschreiben dies als Historizität oder als spezifische Interaktionsgeschichte des Vertrauens und konstatieren unterschiedliche Stufen des Vertrauens für romantische und für professionelle Beziehungen: Auf der ersten Stufe professioneller Beziehungen herrsche das Prinzip von Abschreckung und Kalkulation, das man noch nicht als Vertrauen bezeichnen könne. Die zweite Stufe einer sichereren Erwartbarkeit werde durch Information über den anderen erreicht. Die höchste Stufe bestehe in einer gemeinsamen Basis von geteilten Werten. Der Übergang zwischen den Stufen sei möglich, aber nicht zwangsläufig, vgl. Schweer, Martin / Thies, Barbara: Vertrauen als Organisationsprinzip. Bern 2003, 18–21. Nach diesem Modell entsteht das personale Vertrauen, anders als nach der hier vertretenen Auffassung und anders als in der nachfolgend betrachteten Studie (Fehr / Rockenbach, Detrimental [siehe Anm. 53]), aus dem strategischen Vertrauen bzw. aus dem Misstrauen. Allerdings bleibt der Übergang zu Stufe drei, dem eigentlichen Vertrauen dunkel, sodass diese Theorie eine Lücke aufweist, die hier gerade betrachtet werden soll.

53 Fehr, Ernst / Rockenbach, Bettina: Detrimental Effects of Sanctions on Human Altruism. In: Nature 422 (2003) 137–140. Diese Darstellung richtet sich nach der deutschen Zusammenfassung der Studie unter http://www.wiwi-treff.de/home/index.php?mainkatid=1&ukatid=1&sid=9&artikelid=819&pagenr=0 [15. 10. 2013].

Egoistisches Verhalten (Verrat durch einen) lohnt sich nur dann besonders, solange der andere nicht egoistisch handelt und dicht hält, weil dann der Kronzeuge nur ein Jahr verbüßt und der andere die Höchststrafe von sechs Jahren erhält. Beim Verrat beider erhalten hingegen beide vier Jahre Strafe. Beide haben also die Möglichkeit zusammenzuarbeiten, um einen hohen Ertrag zu erzielen, oder sie können sich für eine geringeren Gewinn gegenseitig verraten.

In diesem neuen spieltheoretischen Versuch nach Fehr und Rockenbach gab es die Möglichkeit, als Investor reales Geld zu gewinnen, wobei die Höhe des Gewinns je nach Kooperation des Verwalters variierte. Einer der beiden Spieler, der sogenannte Investor, konnte einen Betrag zwischen 1 und 10 an den anderen Spieler, den sogenannten Verwalter, überweisen, wobei der Betrag sich beim Überweisen verdreifachte. Beispielsweise ergaben sich aus 5 Einheiten, die der Investor überwies, 15 Einheiten beim Verwalter. Dieser konnte eine Rücküberweisung in beliebiger Höhe an den Investor vornehmen.

Das spezifische spieltheoretische ‚Dilemma' besteht darin, dass durch die Verdreifachung der Überweisung der gemeinsame Gewinn von Investor und Verwalter durch die maximale Überweisung von 10 am höchsten ist, auf der anderen Seite der Verwalter jedoch nicht verpflichtet ist, etwas zurück zu überweisen. Ein rein auf seinen eigenen Gewinn orientierter Verwalter wird also gar nichts zurück überweisen. Dies vorhersehend, wird der Investor nichts überweisen. Das jedoch führt zu dem geringsten aller möglichen Gewinne.

Das Spiel wurde in drei Variationen gespielt: In der dritten Variante (Variante 3), bei der der Investor gleichzeitig mit seiner Überweisung eine Strafandrohung formulierte, für den Fall, dass der Verwalter nicht soviel wie gewünscht zurück überweist, waren die Gewinne für die Investoren niedriger als erwartet. Denn entgegen der Vermutung, dass bei derartigem Handel vor allem die eigenen Interessen im Vordergrund stehen, zahlten die Verwalter stets einen gewissen Teil ihres Gewinns an den Anleger aus – auch im ersten Versuchsteil, in dem ihnen gar keine Sanktionen drohten (Variante 1). Nutzten die Anleger die Strafoption aber gar nicht, obwohl sie vorhanden war (Variante 2), so wurde ihr Vertrauen mit den höchsten Gewinnen belohnt.

Offensichtlich wurde die Risikobereitschaft der Anleger als Ausdruck von Vertrauen honoriert. Man könnte sagen, dass der Vertrauensvorschuss regelmäßig Dankbarkeit und Großzügigkeit im Gegenzug evoziert. Die Versuche zeigen nach Ansicht der Wissenschaftler, dass Altruismus eine wichtige Triebkraft von Handlungen ist, und in der Regel derjenige belohnt wird, der seinem Geschäftspartner besonderes

Vertrauen entgegenbringt. Schon die Androhung von Sanktionen sei hingegen Gift für den Geschäftserfolg.[54]

7. Die Dynamik des Vertrauens – Vertrauen stellt Symmetrie her – nicht umgekehrt

Die in Kapitel 6.2 skizzierten Beispiele sind als Indiz für die praktische Bedeutung der Dynamik des Vertrauens relevant. Sowohl in seiner theologischen Grundlage als in seiner praktischen Umsetzung in alltäglichen Handlungssituationen. Zusammenfassend lassen sich zwei dynamische Aspekte des Vertrauens ablesen, wenn es darum geht, Vertrauen als Handlungsoption in zwischenmenschlichen Beziehungen unter organisationalen Rahmenbedingungen nutzbar zu machen:

a)   Der Vertrauensvorschuss wird überwiegend mit weiterer Großzügigkeit belohnt und führt zu einer Dynamik der Gegenseitigkeit.

b)   Umgekehrt führt Misstrauen und der Versuch der Absicherung durch die Androhung von Sanktionen zu interessengeleitetem Handeln; so wird eine Dynamik der Vorsicht und des Misstrauens hergestellt. Wer dem anderen Eigeninteresse unterstellt, dem wird dasselbe unterstellt. Offensichtlich beziehen sich beide Parteien, da keine Absprache möglich ist, implizit auf ein Drittes, auf eine Art konkludenten ‚inneren‘ Vertrag oder eine dritte Instanz, die mit den allgemeinen Vorerwartungen und dem allgemeinen Menschenbild zusammenhängt. Diese Vorerwartungen an die Welt und an die Mitwelt überhaupt hängen so mit dem oben beschriebenen Gottvertrauen zusammen.[55]

Legt man den Befund zu Grunde ist festzustellen, dass Vertrauen Symmetrie schafft. Die allgemeine Struktur der Vertrauensdynamik kann mit einer ‚Wippe‘ anschaulich gemacht werden.

---

54   Fehr/Rockenbach, Detrimental (wie Anm. 53).
55   Zum Einfluss des Gottvertrauens auf das dingliche und soziale ‚Weltvertrauen‘ vgl. Dienberg, Spiritualität (wie Anm. 1) 47–77. Der dort verwendete Begriff des „Weltvertrauens" geht auf Améry zurück: Améry, Jean: „Die Tortur". In: Ders.: Jenseits von Schuld und Sühne. Stuttgart 1997, 46–73.

Diese Art der Reflexion verlangt eher eine situationsbezogene Urteilskraft als eine Regelvernunft der Gründe und des *redde rationem*.[59] Diese ‚Kunst‘ der Situationseinschätzung und adäquaten Entscheidung kennen wir noch als lateinische Form der *prudentia*, zum Beispiel im Urteil der Richter, der Juris*prudenz*, die neben der Regelkenntnis vor allem das sogenannte *Judiz* des Richters und der Richterin als die Kunst der richtigen Einschätzung verlangt. Dieses Urteilsvermögen, das eine praktische Form der Vernunft darstellt, ist nach Aristoteles prinzipiengeleitet. Es kann als Navigationsvermögen auch für ökonomische Zweckentscheidungen kostbar sein.[60]

Was bedeutet das konkret? Um welche Form von ‚Zusammenschau der Gegensätze‘ geht es? Die Kunst liegt offensichtlich darin, Leitlinien so zu nutzen, dass der Urteilskraft ein Spielraum zur erweiterten Überlegung eröffnet wird. Sie wird mit einer Orientierung versehen, um die sie ‚koordinierend‘ kreisen kann. Paradoxa sind dafür erstaunlich geeignet.

Es gibt ein anschauliches Beispiel, dass sich nicht auf Franz von Assisi, sondern auf Franziskus, den aktuellen Papst bezieht, und das den spirituell gestützten Zusammenhang von Gottvertrauen und Selbstvertrauen sehr gut beschreibt, ohne den eklatanten Kontrast von radikalem Gottvertrauen versus moderatem Vertrauen unter Menschen zu leugnen. Thomas Frauenlob von der Bildungskongregation findet nach Darstellung einer Zeit-Kolumne, die Spitze der Kirche müsse mit Franziskus dem jesuitischen Paradox des Ordensgründers Ignatius von Loyola folgen: „Handle so, als hinge alles von dir ab, aber vertraue darauf, dass alles von Gott abhängt."[61] In

Ausgangspunkt, der nicht verloren gehen darf und deshalb ist dieses Urteilen eher eine Kunst und eine Tugend und weniger eine Wissenschaft der Herleitung von Prognosen aus Gesetzen. Bei Aristoteles hieß diese Tugend der praktischen Einsicht *phronesis* und beschreibt das Vermögen, Situationen adäquat einzuschätzen und danach adäquat zu entscheiden. Vgl. MAKKREEL, Rudolf A.: Reflektierende Urteilskraft und orientierendes Denken. In: RODI, Frithjof (Hg.): Urteilskraft und Heuristik in den Wissenschaften. Beiträge zur Entstehung des Neuen. Weilerswist 2003, 35–48.

59 Aristoteles, Buch VI der Nikomachischen Ethik.

60 Zur aristotelischen *phronesis* in der Lesart von Thomas von Aquin vgl. GRASSL, Wolfgang: Aquinas on Management and its Development. In: Journal of Management Development 29 (2010), no. 7/8, 706–715. Nach meinem Dafürhalten sollte das Prinzip, das die Urteilkraft leitet, als ein ‚koordinierendes Prinzip‘ und nicht als regulatives Prinzip gedacht werden. Zum Urteil unter dem koordinierenden Prinzip des Gemeinsinns am Beispiel des richterlichen Urteilens, vgl. ROSENMÜLLER, Stefanie: Der Ort des Rechts. Gemeinsinn und richterliches Urteilen nach Hannah Arendt. Baden-Baden 2013.

61 FINGER, Evelyn: Papst Franziskus: Nach der Wahl in Rom. Der friedliche Revolutionär. In: Die Zeit, 21.03.2013; abrufbar über: http://www.zeit.de/2013/13/Papst-Tagebuch-Wahl-Amtseinfuehrung [21.10.2013].

dieser paradoxen Leitlinie sind die Kontraste des Vertrauens, das Gottvertrauen als Zuversicht und der daraus folgende Anspruch an sich selbst zu vertrauenswürdigem Verhalten unter Menschen kompakt zusammengefasst.

Über die Herausgeber und die Autorinnen und Autoren

Das **Institut für Kirche, Management und Spiritualität (IKMS)** wurde 2006 als ein Institut der Philosophisch-Theologischen Hochschule (Ordenshochschule der Kapuziner) Münster gegründet. Der inhaltliche Schwerpunkt des IKMS liegt in der Verbindung von christlicher Spiritualität mit modernem Management und deren Umsetzung in die berufliche Praxis.

Der gemeinnützige **Verein Franziskanische Forschung** ist eine Initiative der franziskanischen Orden im deutschsprachigen Raum. Er wurde 2007 mit dem Ziel gegründet, die historisch gewachsene Forschungs- und Wissenschaftstradition der franziskanischen Gemeinschaften zeitgemäß fortzuführen und den Dialog mit den Wissenschaften zu fördern.

Dr. Wolfgang Gehra ist Kfm. Direktor und Ständiger Vertreter des Provinzökonomen der Deutschen Franziskanerprovinz KdöR, München. Die Vereinigung der beiden Karmelitenprovinzen zur Deutschen Provinz der Karmeliten begleitete er als Berater.

Rechtsanwalt Karsten Stecker ist Prokurist und langjähriger Leiter der Steuerabteilung der Solidaris Revisions-GmbH Wirtschaftsprüfungsgesellschaft Steuerberatungsgesellschaft sowie Leiter der Rechtsabteilung der Solidaris Rechtsanwaltsgesellschaft mbH, Niederlassung München.
Seine Arbeitsfelder sind u. a. die
- steuerliche und rechtliche Beratung von Vereinen, Stiftungen, Kapitalgesellschaften und Körperschaften des öffentlichen Rechts,
- Beratung bei Umstrukturierungen und Fusionen im Ordensbereich sowie bei Wohlfahrtsverbänden und die
- Begleitung bei Betriebsprüfungen.

Dipl. Soz.-Wiss. Dipl. Soz.-Wiss. Markus Warode ist Geschäftsleiter im Institut für Kirche, Management und Spiritualität der Philosophisch-Theologischen Hochschule Münster.

Dr. Stefanie Rosenmüller ist wissenschaftliche Mitarbeiterin im Institut für Kirche, Management und Spiritualität der Philosophisch-Theologischen Hochschule Münster.

Dipl.-Theol. Mareike Gerundt, M.A. arbeitet als wissenschaftliche Mitarbeiterin am Institut für Kirche, Management und Spiritualität der Philosophisch-Theologischen Hochschule Münster.

Übersicht über die erschienen Bände der Reihe
Spiritualität - Management - Forschung

Thomas DIENBERG **/ Markus W**ARODE **/ Bernd S**CHMIES **(Hg.): Veränderung als Chance begreifen. Fusionsprozesse in Orden, Kirche und Gesellschaft, Bd. 1: Theologische und spirituelle Aspekte. Norderstedt 2012, 88 Seiten, ISBN 978-3-8448-0764-6**

Beiträge:
Cornelius Bohl OFM
Change Management bei Franz von Assisi? Eine Werkstattskizze

Thomas Dienberg OFMCap
Veränderung, Wandel und Verwandlung als Kernworte christlicher Spiritualität

Katharina Kluitmann OSF
Mit Kopf und Bauch und Herz und Händen

Markus WARODE **/ Bernd S**CHMIES **/ Thomas M. S**CHIMMEL **(Hg.): Veränderung als Chance begreifen. Fusionsprozesse in Orden, Kirche und Gesellschaft, Bd. 2: Erfahrungsberichte aus Orden und Kirche. Norderstedt 2013, 96 Seiten, ISBN 978-3-8482-5924-3**

Beiträge:

Erfahrungsberichte aus den Orden
Christophorus Goedereis OFMCap
Fusion der Bayerischen und der Rheinisch-Westfälischen Kapuzinerprovinz zur Deutschen Kapuzinerprovinz

Thomas M. Schimmel
Fusion der vier deutschen Franziskanerprovinzen zur Deutschen Franziskanerprovinz
Steffen Brühl SAC

Thomas DIENBERG / Markus WARODE / Bernd SCHMIES (Hg.): Veränderung als Chance begreifen. Fusionsprozesse in Orden, Kirche und Gesellschaft, Bd. 3: Praktische und wissenschaftliche Aspekte. Norderstedt 2013, 72 Seiten, ISBN 978-3-7322-8804-5

Beiträge:
Wolfgang Gehra
Finanzwirtschaftliche Aspekte – Aufbau einer zentralen Finanzverwaltung am Beispiel der Deutschen Franziskanerprovinz

Karsten Stecker
Zivilrechtliche und steuerrechtliche Aspekte von Fusionen im Ordensbereich

Markus Warode / Stefanie Rosenmüller / Mareike Gerundt
Die Dynamik des Vertrauens. Ansatzpunkte für einen reflektierten Umgang mit Veränderungen